Querido cerebro,

¿QUÉ COÑO QUIERES DE MÍ?

Querido cerebro,

¿QUÉ COÑO QUIERES DE MÍ?

LORENA GASCÓN
@lapsicologajaputa

mr

Ediciones Martínez Roca es un sello editorial de Editorial Planeta, S. A.
Avda. Diagonal, 662-664, 08034 Barcelona
www.planetadelibros.com
www.mrediciones.com

Diseño de la cubierta: Planeta Arte & Diseño
© Ilustración de la cubierta: Diego Ortolá
© Diseño e ilustraciones de interior: María Pitironte, a partir de los originales de Shutterstock

Primera edición: febrero de 2023
Quinta edición: marzo de 2023

ISBN: 978-84-270-5066-2
Depósito Legal: B. 281-2023
Preimpresión: Safekat, S. L.
Impresión: Huertas S. A.
Impreso en España/Printed in Spain

Certificado PEFC
Este libro procede de bosques gestionados de forma sostenible y fuentes controladas
PEFC
PEFC/14-38-00305
www.pefc.es

El papel utilizado para la impresión de este libro está calificado como papel ecológico y procede de bosques gestionados de manera sostenible.

A todas las personas que se ríen con mi «yo cabrón»
y me han dado las fuerzas para hacer llegar
esta forma de entender la psicología;
a mi maravillosa familia; y, en especial,
a Ramón, que me soporta mejor que nadie.

Índice

INTRODUCCIÓN

Me presento: mi nombre es Lorena Gascón, alias @lapsicologajaputa, tal vez me conozcas de redes sociales. Si es así, ya sabes a lo que vienes. Si no me conoces, quiero advertirte de que este libro está escrito con la intención de ayudarte a que te entiendas un poco mejor, con unos buenos zascas psicológicos.

¿Qué quiero decir con zascas psicológicos? ¿Sabes esas corrientes New Age basadas en unicornios y arcoíris en las que se oyen cosas como «sonríe y serás feliz»? Pues precisamente @lapsicologajaputa nació para combatirlo. Ante tanta paparrucha idealizada me veo en la obligación de transmitir información sobre salud mental realista, que pueda servir a cualquiera de una forma clara, concisa, utilizando la ironía y con la intención de fomentar un cambio de creencias o una llamada a la acción en mis lectores a través del humor.

En el caso de que alguien se lo plantee, con este libro no busco en absoluto hundirte en la miseria, aunque a veces sea un poco cabrona. Te juro que no me hice psicóloga para aumentar el sufrimiento en el mundo. Pero según mi experiencia, explicar las cosas así cala más y produce un cambio de creencias más duradero que si las explico con purpurina y corazones. Además, si consigo que este libro te ofenda lo suficiente como para que te des cuenta de que necesitas terapia, tal vez hasta logremos hacer del mundo un lugar mejor.

Este no es un libro de autoayuda, en el sentido de que su fin no es enseñarte a encontrar la felicidad o a eliminar la ansiedad a través del positivismo tóxico o poniéndote a ti como culpable de todo lo que te pasa. Pero sí es cierto que, si puedes entenderte mejor, tal vez cambies el modo de ver las cosas y eso te «autoayude».

Tampoco es un libro científico que explique de manera minuciosa las partes del cerebro, su interacción y cómo funciona químicamente porque esa no es mi especialidad, pero algo del cerebro te tendré que contar para que te entiendas. Ni un libro de humor o cómico porque, aunque el tono que uso es humorístico, el objetivo no es solo que te partas la caja —que también—, sino que veas el sufrimiento desde otro punto de vista menos angustiante. El humor atraviesa barreras mentales y nos enseña a hacer las paces con cómo vemos las cosas, para así cambiar de una vez nuestras creencias de mierda.

En resumen, este libro deconstruye algunas creencias para que te entiendas mejor desde la ironía de una psicóloga con su humilde experiencia en tratar de entender el cerebro humano. Saber por qué hacemos lo que hacemos puede ayudarnos a dejar de tropezar de una vez con nosotros mismos y tal vez probar nuevas formas de pensar y de hacer que nos ayuden a sufrir un poquito menos.

¿Te vienes?

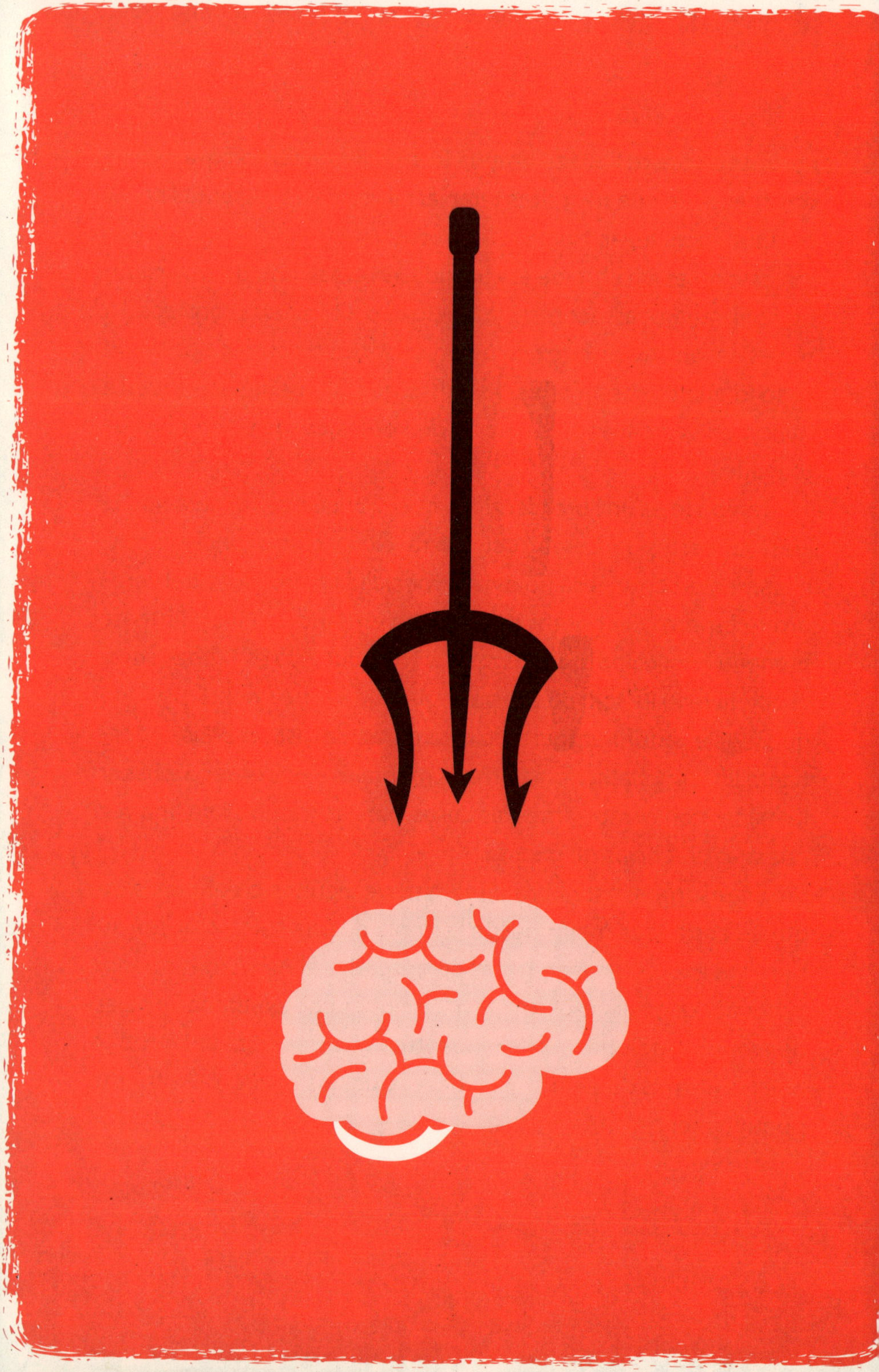

1.

Mi cerebro y yo

Nuestro cerebro, ese gran incomprendido... ¿Y qué culpa tiene él de que le hayamos tocado nosotros como «mente» para entenderlo?

Ponte un momento en el lugar de tu cerebro y piensa lo idiota que se tiene que sentir cada vez que te envía señales de que algo va mal y tú le ignoras. ¿Te han hecho *ghosting* alguna vez? ¿A que duele? Pues eso siente tu cerebro cada vez que reprimes una emoción, pensamiento o sensación. El pobre se ve incomprendido, reprimido y con mucha necesidad de «soltar», ¿y qué hace?, ¿tú qué harías? Efectivamente: explotar. De ahí viene una de mis frases favoritas:

—No quiero llorar.
—No te preocupes, ya te saldrá en forma de ansiedad o diarrea.

Si tu cerebro es tu peor enemigo, este capítulo es para ti. Aquí vas a encontrar en resumidas cuentas la respuesta a por qué tenemos cerebro, cuál es su función, cómo entiende la realidad y cómo nos expresa lo que necesitamos.

Conocer nuestro cerebro es conocernos a nosotros mismos. Así que vamos a ver por qué coño el pobre hace lo que hace.

NO ERES BOB ESPONJA

¿POR QUÉ TENEMOS CEREBRO?

A. Porque estaba de oferta.

B. Porque quedaba bien con el resto del cuerpo.

C. Porque necesitábamos algo que manejara todo el cotarro.

D. Para provocar a los zombis de «*plants* vs. *zombies*».

Los bichos que no tienen cerebro —y no me refiero a tu jefe—, como las esponjas de mar, sobreviven hoy por hoy porque tienen formas muy sencillas de alimentarse y de defenderse de depredadores. Según Lisa Feldman, catedrática de Psicología y autora de *Siete lecciones y media sobre el cerebro*, nuestros antepasados no tuvieron tanta suerte, según fueron evolucionando tuvieron que desarrollar nuevas funciones para sobrevivir a los enemigos. En esta evolución se especializaron hasta llegar a ser lo que somos ahora: seres humanos que se mueven, con un sistema respiratorio, un sistema circulatorio, un sistema endocrino, etc., que necesitan un cerebro para poder organizarse entre ellos. El cerebro es el responsable de coordinar la acción de los órganos de tu cuerpo para que todo funcione correctamente y tú no tengas nada de qué preocuparte.

Imagina qué sería de nosotros si el corazón y el resto de órganos fueran cada uno a lo suyo... Correcto, estaríamos jodidos, así que gracias cerebro por existir.

Tu cerebro te permite un sinfín de posibilidades, como interpretar la información que te llega a través de los sentidos —vista, tacto, etc.—, elaborar una respuesta y dar la orden a los músculos para que la lleven a cabo —por ejemplo: hablar o moverte—.

Sin cerebro serías como Bob Esponja: vivirías en el fondo del mar, te alimentarías de plancton y bacterias y te defenderías de depredadores liberando sustancias tóxicas.

No sé tú, pero yo no me imagino una vida sin poder comer croquetas.

COMO UN TAMAGOTCHI

¿CUÁL ES LA FUNCIÓN PRINCIPAL DEL CEREBRO?

A. Crear la imagen de un mono tocando los platillos.

B. Jodernos la vida.

C. Entender la teoría de cuerdas.

D. Asegurar nuestra supervivencia.

Sé que te han dado ganas de responder la B porque a menudo lo hace, pero te juro que no es esa.

Todo lo que nuestro cerebro hace, incluido hacernos pensar en desgracias o hacernos creer que volver con nuestro ex es una gran idea, es en pos de nuestra supervivencia.

Según Lisa Feldman, el cerebro nos permite predecir nuestras necesidades energéticas antes de que se produzcan para poder sobrevivir. ¿Qué significa esto? Que es nuestro cerebro el que nos avisa de que necesitamos comida cuando estamos bajos de energía o el que nos hace gastar esa misma energía para protegernos de algún peligro. ¿Qué pasaría si no hiciera esto? Pues que igual se nos olvidaría comer o descansar para reponer energías y acabaríamos bastante enfermitos.

¿Te acuerdas de los Tamagotchis? Igual eres muy joven, pero los Tamagotchis son unos juguetes con forma de huevo que tuvieron su apogeo en 1998. Para jugar hay que alimentar, limpiar y cuidar a una mascota virtual. Cuando la mascota necesita comida o medicina, te llega una notificación para que la cuides. Pues exactamente eso es lo que hace tu cerebro por ti: notificarte tus necesidades.

Cuando hay algo mal en nuestro interior, el cerebro nos hace sentir incomodidad hasta que lo resolvemos. Por eso ignorar nuestras sensaciones no es una buena estrategia para que el malestar se vaya. De hecho, si el cerebro te quiere avisar de que algo no está bien, créeme que lo vas a notar.

NO LO SÉ, RICK, PARECE FALSO

¿CÓMO EXPERIMENTAMOS EL MUNDO?
A. Percibimos la realidad tal y como es.
B. Experimentamos un mundo falso de los aliens.
C. Comparamos lo que percibimos con nuestros conceptos mentales.
D. Lo entendemos por nuestras vidas anteriores.

Como seres humanos, tendemos a pensar que lo que vemos, oímos, sentimos, etc., está ahí fuera tal cual lo recibimos, como si fuéramos máquinas que solo captan lo que hay tal y como ocurre, y no pasa eso ni de coña.

Antes ya hemos dicho que el cerebro quiere que sobrevivamos por encima de todo, por lo que entendemos el mundo en función de su significado para nuestra supervivencia. ¿Es comida? Bueno para mi supervivencia. ¿Es puntiagudo? Malo para mi supervivencia.

Si tienes móvil inteligente con huella dactilar o con Face ID, sabrás que para configurarlo al principio hay que dejar que reconozca tu dedo o tu cara desde distintos ángulos. Esto hace que el móvil después esté listo para reconocerte en la mayoría de los ángulos posibles. Pues los conceptos o imágenes que creamos para entender el mundo se forman de manera parecida. Desde pequeños, de modo inconsciente, nuestra mente observa, escucha y siente desde distintas perspectivas y a esa experiencia le da un significado, convirtiéndose en un concepto o imagen mental.

Todos los cerebros tienen estructurados una serie de conceptos que han ido aprendiendo a lo largo de la vida y que se han guardado en la memoria, por ejemplo: concepto de casa, concepto de amor, concepto de croqueta... De esta forma, cuando las personas reciben información proveniente de sus ojos, oídos, tacto, olfato, etc., lo único que tienen que hacer sus cerebros es coger esa información y contrastarla con la de sus conceptos mentales para darle un significado.

Puedes imaginar la de errores que cometemos de percepción sin ser conscientes de ello y la de veces que pensamos que tenemos razón sin tenerla, solo porque lo que hemos experimentando nos cuadra con nuestros conceptos mentales.

Esto explica que, si en el pasado te han rechazado unos amigos y ahora tienes unos nuevos, tu cerebro interprete silencios o ciertas palabras como rechazo de tus actuales amigos, aunque no lo sea, solo porque cuadra con tu concepto mental de rechazo.

¡Vaya! ¿Entonces no estoy loco? No, es tu cerebro interpretando cosas que no existen para protegerte, pero a veces le sale regulinchi.

LOS *MINIONS* DE TU CABEZA

TU CEREBRO TE PROTEGE
A. Intentando predecir lo que cree que te va a pasar.
B. Rezándole a Mercurio retrógrado.
C. Diciéndote que vuelvas con tu ex.
D. Autoboicoteándote.

Aparte de que contrastamos lo que experimentamos en el mundo con nuestros conceptos mentales para entenderlo, nuestro cerebro intenta adivinar el futuro. Predice a todas horas lo que piensa que nos va a pasar y a veces confiamos tanto en él que nos creemos más lo que nos dice que lo que pasa en la realidad.

Para que me entiendas, imagina tu cerebro como si fuera dirigido por un montón de *minions* trabajando dentro de él haciendo hipótesis de lo que te va a pasar y lo que se supone que te está pasando, contrastando esas hipótesis con la información que realmente reciben del exterior y de tu propio cuerpo, y creando tu percepción del mundo, todo en cuestión de segundos.

Te lo explico con un ejemplo: vas a casa de un amigo y tiene una caja con forma de *pizza* en la que pone Pizzería Manolo. Ahí tus *minions* están diciéndote que dentro de esa caja encontrarás una *pizza*. Si encontraras dentro un muslo de pollo, tu cerebro tardaría unos segundos en entender lo que está pasando, porque al principio solo serías capaz de ver tus expectativas en forma de *pizza*. Segundos después, tu cerebro lo contrastaría con la realidad y verías lo que realmente hay, pero a veces las expectativas pueden llegar a ser tan creíbles que no vemos la realidad hasta pasado un buen rato.

Pues así es el cerebro, cariño, el tío se inventa las cosas y luego ya si eso las comprueba, normal que a veces la liemos parda...

YA QUISIERA SPIELBERG

SI LE DIERAN UN TÍTULO A TU CEREBRO SERÍA:

A. Mejor catador de croquetas.

B. Mejor director de Hollywood.

C. Mejor domador de gatos.

D. El afilador, porque siempre le saca punta a todo.

Hemos dicho que el cerebro nos ayuda a sobrevivir prediciendo lo que creemos que va a pasar en función de lo que nos pasó, que opera con ideas o conceptos mentales y que desde niños vamos construyendo un significado de las cosas.

Con todo esto, el cerebro nos cuenta una película de lo que es el mundo, lo que son los demás y lo que somos nosotros mismos según lo que vivimos en el pasado. Esta película es necesaria porque todos necesitamos saber de dónde venimos, adónde vamos y quiénes somos —necesitamos una identidad—. Pero que esta película nos sea útil para saber lo que es importante para nosotros no hace que deje de ser una película, ni significa que tengamos que confundirla con la realidad.

La película que nos cuenta el cerebro es diferente para cada uno, ya que depende de nuestros genes, crianza, sociedad, cultura y de lo que nos ha pasado a cada uno en la vida. Eso hace que, por ejemplo, tu amigo y tú tengáis inquietudes distintas y que cada uno le dé una importancia a tener pareja.

Es tan fundamental nuestra película y nuestra propia identidad para el cerebro que las emociones nos guían para que hagamos acciones coherentes con esa película. Si esta nos cuenta que somos buenas personas, nos sentiremos bien si hacemos cosas que consideramos de buena persona y nos sentiremos mal si hacemos cosas que consideramos de mala persona.

Cuando somos conscientes de que la película que nos contamos es solo una película y no somos esclavos de ella, podemos gestionar mejor lo que nos ocurre y dar respuestas más encaminadas hacia nuestro bienestar, pero cuando el cerebro le da al *play*, es muy complicado parar y darse cuenta.

LOS ROBOTS NO LLORAN

¿CÓMO SE COMUNICA EL CEREBRO CONTIGO?

A. Siempre me habla de croquetas.

B. A través de mensajes directos de Instagram.

C. A través de sensaciones, emociones y pensamientos.

D. En Klingon.

No somos robots. Somos seres que sienten e interactúan con su ambiente. Cuando nos pasan cosas, el cerebro necesita decirnos cómo esas cosas nos afectan a fin de que las repitamos o nos protejamos de ellas.

¿Cómo nos dice el cerebro que nos pasa algo?

Por medio de sensaciones

Sin sensaciones no sabríamos qué nos pasa.

Una sensación es algo que notamos en el cuerpo que nos indica que algo nos ha afectado para bien o para mal. Puede ser un temblor, calor, frío, taquicardia o un dolor. Puede haber sensaciones más agradables que otras, pero ninguna es buena o mala de por sí, simplemente nos informa sobre cómo estamos. Por ejemplo, la taquicardia implica que algo que estamos interpretando en un momento concreto está siendo intenso para nosotros. Podemos sentir taquicardia al ver a la persona que nos gusta y ser una sensación agradable y podemos sentir taquicardia cuando una cosa nos da mucho miedo y ser para nosotros una sensación desagradable.

La mayoría de las sensaciones que notamos persiguen el objetivo de hacernos sobrevivir, por ejemplo, la del hambre nos hace comer y el dolor nos obliga a prestarnos atención y protegernos.

Por medio de emociones

Las emociones básicas son seis: alegría, tristeza, miedo, asco, enfado y sorpresa. Voy a explicar brevemente cuál es su función:

- **Alegría.** Te indica que tus necesidades están satisfechas o que sientes que te ha pasado algo bueno y te da la energía para compartir esa sensación con el resto de seres humanos.
- **Tristeza.** La tenemos cuando sentimos que hemos perdido algo importante para nosotros. Nos ayuda a ahorrar energía recluyéndonos y también a buscar consuelo de nuestros iguales.
- **Miedo.** Es la emoción más útil para la supervivencia. Aparece cuando nos sentimos inseguros o amenazados y nos motiva a protegernos y a buscar seguridad.
- **Asco.** Lo sentimos cuando tenemos cerca algo que puede estar en mal estado o ser perjudicial para nuestra salud y nos ayuda a rechazarlo para protegernos. Lo podemos sentir con comida y también con personas, lugares e ideas.

- **Enfado.** Lo sentimos cuando nuestra libertad ha sido vulnerada o cuando hay algún obstáculo para conseguir algo que queremos. Nos da la energía suficiente para que nos defendamos y pongamos límites.
- **Sorpresa.** La sentimos cuando ocurre algo inesperado para nosotros. Nos permite abrir todos nuestros sentidos y prestar toda la atención posible a lo que está pasando para poder interpretarlo cuanto antes.

¿Por qué buscamos un abrazo cuando tenemos miedo? Porque nos reconforta y nos hace sentir bien. ¿Por qué rechazamos un alimento que nos da asco? Porque comerlo nos podría hacer sentir mal. Nuestras emociones siempre nos informan de nuestras necesidades y, normalmente, nos marcan el camino hacia nuestro bienestar.

Cuando las emociones conllevan sensaciones agradables —como la alegría— es fácil sentirlas; pero cuando tenemos alguna que suele conllevar sensaciones desagradables, como el miedo, el enfado o la tristeza —podemos llamarlas emociones «difíciles»—, ya la hemos liado. ¿Por qué? Porque duele y lo que duele lo evitamos por naturaleza.

Las emociones, al igual que las sensaciones, nos informan de cómo estamos y nos dan la motivación para la acción que necesitamos, ayudándonos a sobrevivir. Gracias a las emociones podríamos llegar a ser conscientes de que no estamos en el trabajo adecuado, de que no estamos descansando lo suficiente o de que no estamos conviviendo con la persona más idónea para nosotros.

Por medio de pensamientos

Los pensamientos, al igual que las sensaciones y las emociones, son información. ¿Sabes cuál es la función de tus pensamientos? La misma que la de las sensaciones y la de las emociones: hacernos sobrevivir.

La mente nos hace pensar en las cosas que pueden ser importantes para nuestra supervivencia, según las que hemos vivido en el pasado. Podemos pensar en imágenes, recuerdos, planes de futuro, etc. Algunos pensamientos los elegimos, pero otros nos vienen sin querer y de alguna manera el cerebro se la trama para que nos creamos que lo que nos dice es la realidad.

Igual que ocurre con las sensaciones y las emociones, hay pensamientos que conllevan unas sensaciones más agradables que otros, pero todos son información que nuestra mente crea y que no es real.

La mayoría de problemas que tenemos con los pensamientos vienen de creernos que son la realidad.

DEBAJO DE LA ALFOMBRA

¿QUÉ SON NUESTRAS MIERDAS?
A. Los arañazos que le hacemos al coche al aparcar.
B. Aquello que nos duele y evitamos sentir.
C. Lo que odian los demás de nosotros.
D. Todo lo que hacemos mal en la vida.

Todos tenemos nuestras mierdas.

Nuestras mierdas son, como me gusta a mí llamarlas, todo aquello que nos cuesta sentir o que nos cuesta reconocer que sentimos. Normalmente suelen ser sensaciones, emociones y pensamientos que nos resultan difíciles de aceptar por el significado que conllevan para nosotros.

Estas sensaciones, emociones o pensamientos difíciles pueden ser, por ejemplo, una taquicardia —que nos da miedo porque le damos el significado de infarto—, una emoción de tristeza —que no queremos sentir porque le damos el significado de vulnerabilidad— o un pensamiento de suicidio —que no queremos pensar porque le damos el significado de palabra tabú—.

Cuando no queremos sentir cosas que sentimos, el cerebro interpreta que ahí hay un problema que se debe gestionar cuanto antes y lo que hace para que lo gestionemos es traérnoslo hasta en la sopa. Por eso cuando no queremos pensar algo, lo pensamos mucho más, o cuando no queremos sentir ansiedad, la sentimos mucho más.

Al cerebro se la suda si estás bloqueado emocionalmente, la cosa funciona de modo que si rechazas algo de manera inconsciente multiplicas las posibilidades de que aparezca de nuevo porque le estás dando atención e importancia. Por eso, si alguna vez quieres convertir en un problema algo que no lo es, solo tienes que no querer sentirlo.

COMPAÑERAS DE VIAJE

¿CÓMO GESTIONAR NUESTRAS MIERDAS?
A. Evitándolas.
B. Ignorándolas.
C. Aceptándolas.
D. Poniéndoles un lacito.

O sea, que el cerebro nos está amargando la existencia haciéndonos sentir cosas que no queremos en pos de nuestra supervivencia. ¿Y qué hacemos?, ¿no hay escapatoria del cerebro? Realmente no, pero podemos hacernos sus colegas. Si el cerebro nota que dejamos de rechazar nuestras mierdas porque aprendemos a verlas como si fueran información, sin creérnoslas y permitiéndolas estar con nosotros, después de aparecer varias veces, el cerebro comprende que eso ya no es un problema y, por tanto, no necesitará hacérnoslo sentir más.

Es fácil de decir y jodidísimo de hacer, porque para aceptar nuestras mierdas hay que enfrentarse al dolor que las provocó y dejárnoslo sentir, pero siendo conscientes de que la mente nos la está jugando es más fácil aprender a llevarnos bien con ellas.

En resumen, se trata de dejar que nuestras mierdas nos acompañen de copilotos en el camino sin dejarlas al volante hasta que un día tal vez ya no necesiten venir o ni siquiera seamos conscientes de su presencia.

RESUMEN DEL CAPÍTULO

- **Tenemos cerebro porque necesitamos algo que maneje el cotarro.**
- **La función del cerebro es asegurar nuestra supervivencia —hace que prioricemos las acciones de comer, descansar, procrear y protegernos—.**
- **Experimentamos el mundo comparando lo que percibimos con nuestros conceptos mentales.**
- **El cerebro nos protege haciendo hipótesis, intentando predecir lo que cree que nos va a pasar.**
- **El cerebro nos cuenta una película sobre cómo somos, cómo son los demás y cómo es el mundo, y nos la creemos.**
- **El cerebro se comunica con nosotros a través de sensaciones, emociones y pensamientos.**
- **Nuestras mierdas son todo aquello que nos duele y evitamos sentir.**
- **Para gestionar nuestras mierdas las tenemos que aceptar.**

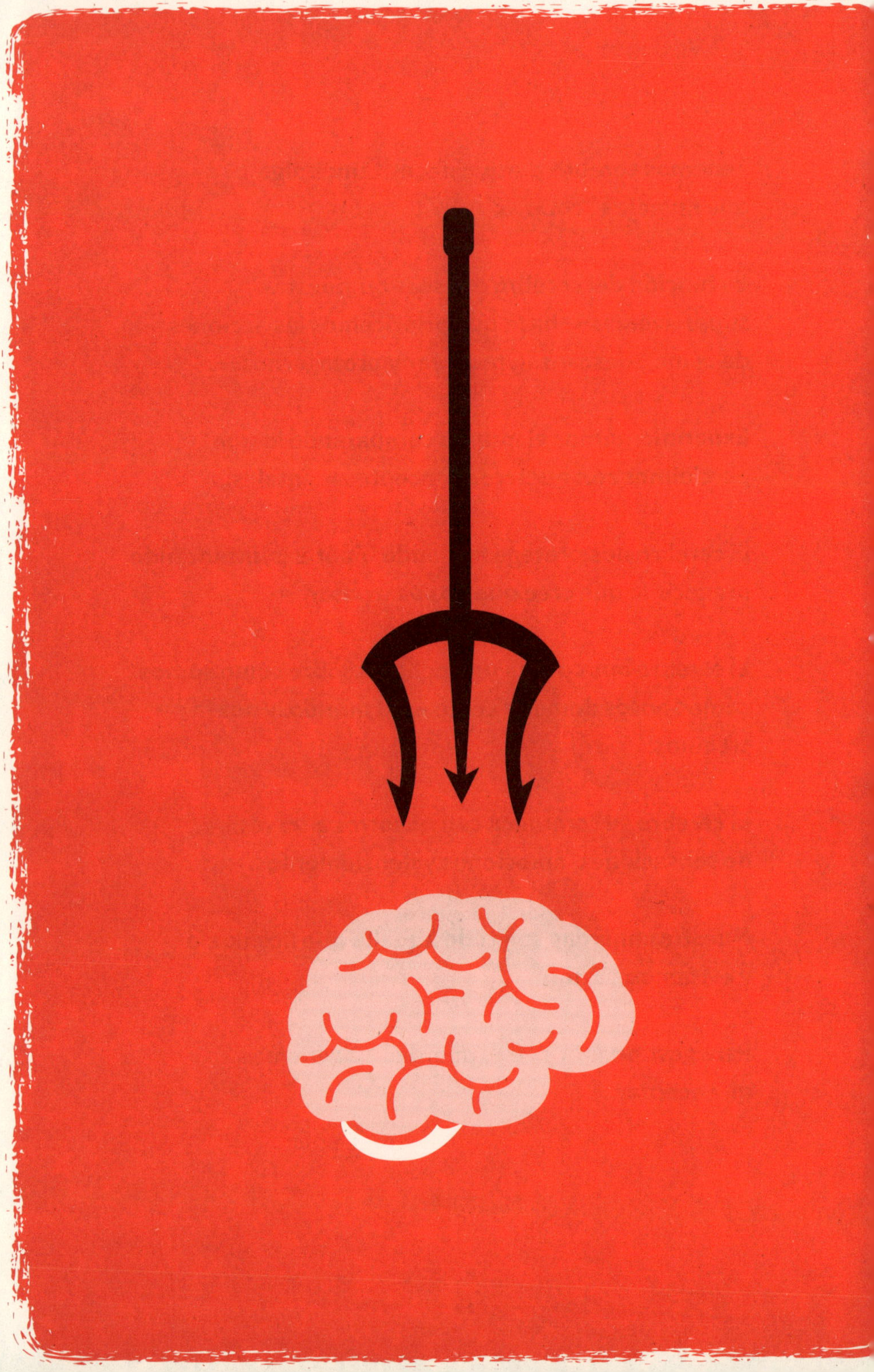

2.

YO con los demás

La mayoría de las personas que tiene un problema en algún ámbito de su vida también suele tener alguna relación personal problemática.

Y es que las relaciones personales son jodidas.

> Entre que no me entiendo ni yo, que no sé expresarme y que los dos tenemos nuestras mierdas, el milagro es entenderse.

A mí me gusta decir que relacionarse con otras personas es como bailar. Hay algunas que se relacionan con nosotros como si bailaran a nuestro son, y con las que todo es muy fácil, y también hay personas que solo quieren bailar a su manera y que hasta nos chafan los pies al bailar.

Todos hemos aprendido a relacionarnos con los demás según cómo nuestros padres se relacionaron con nosotros. Es decir, ellos nos enseñaron los pasos de baile. Por eso, si nos chafaban los pies al bailar o nunca estaban dispuestos a bailar con nosotros, es posible que pensemos que eso es lo normal y que actuemos así o que nos sintamos atraídos por personas que actúen de la misma manera —aunque a veces también nos atraen los que actúan de forma contraria—.

Pero no todo es culpa de nuestros padres; aparte de ellos, la sociedad, la cultura, el contexto y las relaciones con nuestros iguales, profesores y primeras parejas también influyeron mucho en nuestro modo de bailar.

Todas las personas con las que hemos bailado a lo largo de la vida nos han enseñado a hacerlo con los demás. Por suerte, se puede reaprender a bailar y en parte aquí estamos para eso.

En este capítulo encontrarás cinco apartados con ejemplos de casos en los que los personajes necesitan ver las cosas de otra forma. Parto de una situación ficticia con un problema —no describo a ningún paciente, cualquier coincidencia es azarosa— y voy analizando y discutiendo las posibles causas de este —en la vida real puede haber más causas, pero aquí explico las que a mi juicio son más importantes—.

También planteo una serie de ejercicios que, bajo mi humilde opinión, podrían ayudarte a llevar mejor ese problema. En ellos te propongo escribir cartas, hacer listas para leerlas a diario, tablas para cuestionar tus pensamientos, etc.

Además, encontrarás un breve test, sin validez científica, pero que te dará pistas del tipo de relación que tienes con ese problema.

Vamos a ver por qué coño nos pasa lo que nos pasa con los demás.

QUIERO MI DROGA

Si te quieres tú, no necesitas tener pareja. Puedes disfrutar de tu pareja, pero no la necesitas.

Víctor tiene treinta y un años. Eva, veintiocho. Llevan dos de relación y viven juntos desde hace uno. Se conocieron en la empresa y ambos comparten grupo de amigos del trabajo. Al principio cada uno tenía los suyos y aficiones aparte, pero cada vez han ido haciendo más cosas juntos y menos a solas o con otra gente. Ha llegado un punto en el que sus amigos los llaman Vieva, porque se han fusionado y nunca va el uno sin el otro. En casa se faltan al respeto, discuten y se hacen reproches casi a diario, pero después de un buen silencio castigador por parte de los dos y de no gestionar absolutamente nada, echan un buen polvo y siguen hasta la siguiente discusión, y tiro porque me toca. En los últimos meses lo han dejado y vuelto siete veces, pero siguen pensando que pueden estar bien juntos.

Las personas nos influimos y aprendemos unas de otras, tanto para bien como para mal. Si ya de por sí cualquier relación humana es jodida, si le añadimos intimidad, compromiso y sexo, apaga y vámonos.

Puede haber múltiples razones para querer dejar una relación de pareja, pero normalmente solo hay una por la que no poder dejarla: dependencia emocional.

> Hacéis una pareja perfecta, ninguno de los dos sois capaces de hacer nada solos.

Esa famosa dependencia emocional que todo el mundo nos dice que debemos evitar, pero que nos guste o no todos tenemos en mayor o menor medida hacia otras personas.

¿Qué es la dependencia emocional a un nivel «necesito terapia»? Vieva lo representa bastante bien. Si para querer a otra persona te transformas en su mascota o le transformas en la tuya, eso no es una relación sana. Si dejamos de querernos a nosotros mismos, sacrificando nuestro tiempo, nuestra felicidad y hasta nuestra propia identidad, probablemente estemos en una relación de mierda.

Las personas en una relación así a veces sienten que su vida solo vale la pena, mientras tienen relación con la otra persona y les genera un gran malestar la idea de que ese vínculo se acabe. Por ejemplo: Víctor y Eva no están bien juntos, pero no se ven capaces de separarse porque creen que no lo podrán soportar. Es una pena que sus cerebros no les recuerden que antes de conocerse eran seres humanos funcionales capaces de hacer cualquier cosa por sí solos.

¿Qué suele haber detrás de no poder dejar a tu pareja? En el caso de Víctor y Eva hay:

- Idealización de la otra persona.
- Dependencia emocional.
- Falta de autoestima.
- Normalización del maltrato.

Vamos a abrir estos cuatro melones.

Idealización de la otra persona

> — Oye, en mi idealización de ti, tú molabas más.

Si quieres saber si estás idealizando a otra persona, plantéate si de verdad la conoces, si sabes cómo respondería a situaciones de tensión y sobre todo si le ves defectos. Si no se los ves, es muy probable que la estés idealizando.

¿Por qué idealizamos? Nuestro cerebro quiere que sobrevivamos y que procreemos. ¿Crees que sería fácil que nos reprodujésemos si el cerebro no nos engañara un poquito al principio de nuestras relaciones? ¿Si hubieras sabido cómo huelen los pedos de tu pareja nada más conocerla, habrías durado con ella? Pues ahí lo tienes. El cerebro nos hace idealizar para que sea más sencillo crear un vínculo con otras personas y procrear.

Todos los individuos nos hacemos una idea mental del resto de personas y de nosotros mismos. ¿Recuerdas lo que expliqué en el primer capítulo de que el cerebro resume la información para crear conceptos mentales? Pues nuestro cerebro resume el significado que tiene una persona para nosotros en una imagen de ella. Esto hace que tanto Víctor como Eva no se vean el uno al otro como son, sino rodeados de unicornios y arcoíris.

Cuando tenemos un vínculo con alguien, le indicamos al cerebro que la otra persona es importante. Cuando la relación se acaba, el cerebro necesita tiempo para descargarse la nueva «actualización» de la *app* en la que esa persona vuelve a ser normal y corriente como las demás.

Que el cerebro necesite un tiempo para cambiar la imagen mental de nuestro ex a solamente un amigo o conocido es natural. Al principio tal vez duela, pero es un proceso que será más rápido y fácil si no estamos mirando a todas horas sus *stories* de Instagram o wasapeándole a diario.

Si Víctor y Eva tienen claro que la relación no es sana y que lo conveniente es terminarla, lo mejor sería sugerirles contacto cero entre ellos durante al menos unos meses. Igual te parece un poco drástico, pero te digo ya que el «podemos ser amigos» es un autoengaño precioso. El contacto cero es la manera más rápida de dejar de idealizar a la otra persona y dejarle al cerebro espacio de tiempo para recolocar todo lo que ha ocurrido en nuestra cabecita.

Dependencia emocional

> Si te pasas horas quejándote de tu pareja es que tienes dependencia emocional.

Cuando Eva o Víctor dejan la relación es lógico que sientan algo parecido a un «mono» o síndrome de abstinencia que les impulsa a volver porque con la separación su cerebro ya no tiene su droguita.

Este malestar es perfectamente normal. Algunas personas lo interpretan como que todavía tienen sentimientos por esa persona y no tiene por qué ser necesariamente así —por algo es su ex—. Lo que indica este malestar es que algo que nos producía placer ya no está. Pero la dosis de placer que tanto echamos de menos estaba en nuestro cerebro, no en nuestro ex.

A veces pensamos que el amor o la ilusión que sentimos son únicamente a causa de lo que ocurre fuera de nosotros. ¿Te acuerdas de que el cerebro no percibe las cosas como son, sino que lo vemos todo a través de nuestras interpretaciones? Pues ese enamoramiento o subidón que sentimos depende de nosotros y de cómo vemos las cosas. Nuestra mente nos está haciendo creer que nuestro ex idealizado es el único capaz de hacernos sentir eso y no hay nada más alejado de la realidad. Ese subidón lo podemos volver a sentir comiendo croquetas, viendo un concierto, acariciando a nuestra mascota o pasando tiempo con otra persona en el futuro; no necesitamos a nuestro ex.

El primer paso para que tanto Víctor como Eva se vuelvan a sentir completos es reencontrarse con ellos mismos, y para eso les puede venir muy bien volver a hacer planes solos, salir con amigos, nutrir su cerebro, hacer cosas que les gusten o descubrir alguna nueva afición. Si se dan valor a sí mismos y consiguen quererse, es más difícil que caigan en otras relaciones de mierda en el futuro.

Falta de autoestima

Nadie te puede dar lo que no te das tú.

Crecer en ambientes en los que no nos sentimos importantes, válidos o queridos puede hacer que desarrollemos una baja autoestima sin ni siquiera ser conscientes de ello.

Víctor y Eva no tuvieron la suerte de criarse en espacios de cuidado, seguridad y amor, y desarrollaron una idea de ellos no muy buena. Eso les ha llevado a que sean muy exigentes consigo mismos y a que piensen que no hacen nada bien y que nunca les van a querer por lo que son.

Tener esta idea puede hacer que mantengamos relaciones abusivas o de maltrato con otras personas porque tal vez pensemos que es lo que nos merecemos o que nadie nos va a querer mejor.

Por suerte y con ayuda se puede cambiar esa idea. Pero para eso tenemos que ser conscientes de ella y comenzar a poner límites en nuestras relaciones, no permitiendo ni una sola falta de respeto.

Aquí trabajaríamos con Víctor y Eva para hacerles ver que no son responsables de lo que les ocurrió en el pasado, pero que sí se tienen que responsabilizar de la idea que tienen de sí mismos ahora. Les haríamos ver que son adultos que lo hacen lo mejor que pueden con lo que tienen y que se merecen estar en relaciones en las que se sientan cuidados.

A partir de ahí, les enseñaríamos a hacer acciones que fomentaran su autoestima. Por ejemplo: cuidarse física y mentalmente, hablarse bien, expresar sus emociones, escuchar sus necesidades, autoconocerse para reconocer lo que es importante para ellos —sus valores— y si pueden, llevar a cabo algún proyecto alineado con sus valores que le diera sentido a su vida —por ejemplo, domar gatos, cazar Pokémon, etc.—.

Normalización del maltrato

— Yo no maltrato a mi pareja porque no le pego.
— Si le gritas, insultas, minusvaloras, invalidas sus emociones, culpabilizas de tus mierdas y le haces dudar de su propio criterio la estás maltratando.

En una relación es normal comunicarse y discutir, entendiendo discutir en el sentido de intercambio de opiniones desde el respeto. Cuando las discusiones se basan en elevaciones de voz, hostilidad, insultos o reproches, eso se puede considerar una forma de maltrato psicológico.

Parece que Víctor y Eva no tienen la idea más sana de amor del mundo. Ambos han normalizado las discusiones faltando al respeto, los reproches y la no resolución de conflictos como maneras de comunicarse válidas en la relación.

Aquí podríamos plantear que, si quieren continuar con la relación, para que sea sana necesitan:

Cambiar su idea de amor, darse cuenta de que su pareja no tiene que cumplir sus expectativas. También ser capaces de controlar su ira y asumir la responsabilidad de sus propias emociones y de comunicarse asertivamente.

Fácil, ¿no?

Aquí tienes algunas ideas para llevar mejor tu ruptura:

- Si estás seguro de que ya no quieres tener una relación afectivo-sexual con la que era tu pareja, el camino más corto es el contacto cero. Deja de autoengañarte con el «podemos ser amigos».
- Si todavía tenéis cosas el uno del otro, lo ideal sería que las devolvierais cuanto antes, pero si no es posible, puede ayudar quitarlas de la vista y dejarlas en un armario hasta que se las lleve.
- Escríbele una carta de despedida, en la que te desahogues, le digas lo que quieras y finalmente te despidas. No hace falta dársela. (Este punto está más desarrollado en el epígrafe «Ejercicio 1. Vete a paseo»).
- Escribe una lista de razones por las que no quieres tener una relación con esa persona y léela a diario (o hasta que ya no lo necesites), no para cultivar el odio, sino para recordarte por qué no debes volver a caer en la relación (por ejemplo, no hay

comunicación, no nos respetamos, no tenemos cosas en común, etc.).

- Intenta cuestionar tus propios pensamientos cuando tu mente te recuerde que tu ex era maravilloso, diciéndote que eso es fruto de la idealización y del «mono». (Este punto está más desarrollado en el epígrafe «Ejercicio 2. Idealízate tú»).
- Haz cosas que te nutran mentalmente, que te hagan sentir independiente, autónomo y capaz.
- Reconstruye tu identidad personal y recupera los planes que habías dejado de lado por la relación, tanto con amigos como solo.

Test para saber cómo llevas lo de dejar a tu pareja

1. **Pienso que si lo dejo con mi pareja nadie más me va a querer:**

   Sí ☐ **No** ☐

2. **Estoy pendiente de todo lo que hace mi ex en redes sociales y de cuándo está en línea en el wasap:**

   Sí ☐ **No** ☐

3. **Cuando pienso en mi ex solo recuerdo los momentos bonitos:**

   Sí ☐ **No** ☐

4. **Es normal que mi ex me maltratara, todos maltratamos:**

   Sí ☐ **No** ☐

5. **Siento que la vida sin mi ex no tiene sentido:**

   Sí ☐ **No** ☐

Autocorrección

1. **Si has respondido a todas que no, llevas bien lo de dejar a tu pareja.**
2. **Si has respondido a dos o menos que sí, llevas medio bien lo de dejar a tu pareja.**
3. **Si has respondido a tres que sí, llevas regulinchi lo de dejar a tu pareja.**
4. **Si has respondido a cuatro o más que sí, llevas de pena lo de dejar a tu pareja.**

Ejercicio 1.

Vete a paseo

Lee este ejemplo de carta para ayudarte a «soltar» a tu ex.

Hola, ________________:

Se me hace dificilísimo escribirte y eso que sé que no vas a leer esta carta. Te escribo porque necesito expresar lo que siento y aprender a dejarte ir.

Hemos intentado que esto funcione tantas veces que creo que seguir intentándolo solo nos haría más daño. Ambos coincidimos en la idea de que una pareja tiene que sumar y los dos nos merecemos empezar a sumar y que nos sumen otras personas.

Hemos vivido cosas increíbles que tal vez solos no habríamos vivido, y ese aprendizaje nos va a acompañar siempre en nuestras vidas. Tú te llevas un pedacito de mí dentro de ti y yo me llevo un pedacito de ti dentro de mí.

Pienso que he tenido la suerte de acompañarte en el camino estos años, pero también que tengo que aprender a continuar mi camino solo y a dejarte a ti seguir sin mí.

Aunque mi cerebro ahora se empeñe en idealizarte y recordarme solo lo bueno de la relación, soy consciente de que a veces éramos totalmente incompatibles y de que nos costaba comunicarnos y ponernos límites de forma amable, algo que trataré de no repetir en mis relaciones futuras.

Me he dado cuenta de que me había abandonado para pasar más tiempo contigo, lo que me había hecho más dependiente de ti, más exigente contigo y también más infeliz —algo que trataré de no repetir en próximas relaciones—.

No necesito estar con nadie si estoy bien conmigo, así que a partir de hoy voy a poner el foco en mí y en darme lo que yo necesito y quiero. Voy a hacer las cosas que siempre he querido, voy a aprender cosas nuevas, a salir con personas que no conozco, a viajar, a reír y a reencontrarme para poder estar bien sin necesitar a nadie. Te agradezco lo que has compartido conmigo y te deseo lo mejor.

Ahora escríbele tú una carta a tu ex. Requisitos:

- Dile cómo te sientes y el objetivo de la carta.
- Trata de expresar lo bueno que te ha aportado la relación.
- Trata de expresar las cosas que no te gustaban de la relación y que justifican querer dejarle.
- Termina la carta comprometiéndote a autocuidarte y a poner el foco en ti.
- No te dejes para después y comienza a escribirla ya, tal vez te ayude.

Hola, ______________:

Te escribo esta carta porque quiero...

____

____

____

Gracias a ti he aprendido cosas como...

____

____

____

Aunque había cosas en nuestra relación que no estaban bien como...

____

____

____

A partir de ahora me voy a cuidar yo, voy a...

____

____

____

Ejercicio 2.

Idealízate tú

Este ejercicio sirve para cuestionar tus pensamientos cuando tu mente es poseída por la idealización de tu ex. En la siguiente tabla vas a ver dos columnas; en la de la izquierda vamos a apuntar lo que la mente que idealiza nos dice —por ejemplo: «Mi ex era la leche»— y en la de la derecha vamos a intentar cuestionarlo —por ejemplo: «Mi ex tampoco molaba tanto porque a veces no me escuchaba»—. Es importante que lo que escribas en la columna derecha te lo creas; si no, no vale.

Mente que idealiza (lo que tu mente te dice que es tu ex)	**Sentido común** (lo que en realidad es tu ex)
Mi ex era muy atento, hablábamos a diario.	Es verdad que hablábamos a diario, pero me aburría como una seta.
Nunca voy a encontrar a una persona tan perfecta, tenía todo lo que yo quería.	Tenía cosas que me gustaban, pero también muchas que no: a veces no me tenía en cuenta y trabajaba demasiado.

Jamás me van a querer tanto.	Me van a querer igual o más. En ocasiones me comparaba con otras personas o señalaba cosas mías que no le gustaban, así que tanto no me querría.
Es guapísimo y está buenísimo.	Es una persona de carne y hueso que estoy viendo rodeada de unicornios y arcoíris por culpa de mi cerebro.
Nunca he sido tan feliz como cuando estuve con mi ex.	He sido feliz, pero también lo fui antes de la relación y lo volveré a ser porque mi felicidad no depende de estar con nadie.

Ahora haz tu propia tabla para cuestionar tus pensamientos:

Mente que idealiza (lo que tu mente te dice que es tu ex)	**Sentido común** (lo que en realidad es tu ex)

LA MOSCA EN LA TELARAÑA

A los manipuladores les viene fatal que vayas a terapia.

Celia es una mujer de cuarenta y cinco años. Tiene una relación y dos hijos de quince y dieciocho años. Es camarera desde hace veinte y actualmente trabaja en el bar de su pareja. Se pasa diez horas trabajando a diario y no libra ningún día a la semana. Los sábados y domingos echa menos horas para poder compaginarlo con el cuidado de sus padres, que están mayores.

Tiene dos hermanos, pero viven más lejos de sus padres y la mayoría de veces los atiende ella. Aunque trabaje muchas horas, Celia es la amiga «ideal» porque siempre va a decirte que sí a todo lo que le pidas. Aprendió que priorizarse a sí misma era ser egoísta, así que eligió el camino de nunca decir no y estar constantemente cansada, triste, ansiosa y amargada.

Ya hemos visto que actuamos según nuestras creencias y muchas veces ni siquiera somos conscientes de ello. Me encuentro a muchas personas como Celia en mi vida y siempre me dan ganas de lavarles el cerebro para que manden a cagar a quien corresponda lo más pronto posible.

El inconveniente del lavado de cerebro es que la otra persona tiene que querérselo lavar y cuando las creencias están tan arraigadas que forman parte de la personalidad, cuesta la vida.

Alguien como Celia se siente fatal con la idea de cuidarse y es incapaz de no ayudar a quien lo necesite. Para estas personas priorizarse es casi imposible, porque es ir en contra de sí mismas y de todo lo que creen que es correcto.

Por si no fuera suficiente con estas creencias, las personas como Celia tienen otro problema añadido, y es que los manipuladores tienen un imán para detectar a gente así, como si la olieran.

A mí me gusta explicar que los manipuladores son como arañas que tejen telarañas invisibles de culpabilidad alrededor de este tipo de individuos. De repente, la persona sin ser consciente de cómo ha llegado ahí, se ve atrapada en una de esas telarañas y siente que tiene que hacer lo que el manipulador espera de ella para no sentirse tremendamente culpable.

Imagínate una relación entre alguien que siente que tiene derecho a exigir constantemente y otro que no sabe decir que no... No nos gustaría ser Celia, ¿verdad?

Para las personas que no tienen esta forma de ver el mundo resulta supersencillo decir no a algo que no quieren hacer y les cuesta entender a las personas como Celia, que las pobres dan tanto a los demás que se quedan sin nada para sí. El caso es que si le preguntas a Celia por qué cree que está irritable o ansiosa, seguramente te diga que es porque la vida es dura, no porque ella no sepa poner límites y lleve traicionándose prácticamente toda su vida.

Te mereces dejar de traicionarte de una vez.

Esta tendencia a dejarse a uno mismo en último lugar suele ser más común en mujeres por el tipo de educación y la crianza que recibimos y por la influencia de la cultura y la sociedad —al menos en España—. Se espera de nosotras que seamos pacientes, comprensivas y serviciales —«mamás ideales»— mucho más que de los hombres, aunque también los hay con este perfil.

Cuando crecemos en este caldo de cultivo, aprendiendo que «lo bueno» es priorizar a los demás y «lo malo» —y egoísta— es priorizarse a uno mismo, unido tal vez a cierta inseguridad y a que llevemos regulinchi lo de que otros nos rechacen, lo raro es que no acabemos siendo esclavos emocionales de alguien. ¿Qué suele haber detrás de no poner límites? En el caso de Celia hay:

- **Miedo a ser egoísta.**
- **Falta de autoestima.**
- **Miedo al rechazo.**
- **Idea de amor basada en el sacrificio.**

Vamos a ver esto en profundidad.

Miedo a ser egoísta

> Una persona que hace lo que siente que es mejor para ella y dice que no a las cosas que no quiere hacer es una persona que se cuida, no una egoísta.

Según la RAE egoísmo es «inmoderado y excesivo amor a sí mismo, que hace atender desmedidamente al propio interés, sin cuidarse del de los demás». O sea, que Celia, después de una vida entera dedicada a otros, teme que si un día se prioriza va a pasar a adorarse y a ignorar por completo las necesidades del resto. En mis años de terapia y de vida no he visto que un ser humano logre tal cosa, ¿a ti te parece probable?

Una paciente me contó que un día su hijo pequeño estaba muy triste y llorando dijo que no quería ser una mala persona, a lo que su madre le contestó:

—Las malas personas no se preocupan por ser buenas o malas, a ellos les da igual; si te preocupas porque no quieres ser mala persona, demuestras que eres buena persona.

Con los egoístas pasa un poco parecido, ¿te has encontrado alguna vez a alguien egoísta preocupado por serlo? No, ¿verdad? Eso es porque los que son egoístas no tienen ningún problema con serlo, a ellos se la suda. Por tanto, preocupándote por ser egoísta demuestras que no lo eres.

En este punto le haríamos ver a Celia que el autocuidado no es egoísmo y que es necesario para tener una buena salud mental. También le enseñaríamos qué cosas puede hacer para comenzar a darse prioridad, cómo hacerlas y cómo manejar el malestar que tal vez aparezca al priorizarse.

Falta de autoestima

> Cuando veas todo lo bueno que tienes se va a cagar la perra.

A veces, las personas como Celia no solo sienten que son egoístas si ponen límites, sino que piensan que no tienen derecho a ponerlos. Como si fueran menos que otros y no tuvieran los mismos derechos que los demás. Esto suele ocurrirle a gente que se ha criado en ambientes de maltrato o con padres muy autoritarios.

El resultado es que la persona siente que no se merece expresarse o defender sus derechos. Celia entiende que los demás pongan límites o se prioricen, pero cree que ella no puede, como si los límites fueran un privilegio que solo pudieran disfrutar las personas de estatus superior.

Si te pasa como a Celia y alguna vez piensas que no tienes derecho a decir no cuando no quieres hacer algo, date cuenta de que los demás no se merecen el privilegio de que tú hagas lo que quieran. Solo por ser humano tienes derecho a decir que no y a poner límites a quien tú quieras, que bastante has tragado ya.

Tendríamos que explicar a Celia que, por mucho que crea que no merece poner límites, es un ser humano con el mismo valor que cualquier otro y que no vale lo que su contexto le hizo creer.

No hay personas que valgan más que otras. Hay algo que nos hace iguales: todos cagamos y nuestra mierda huele mal. Para trabajar su autoestima le ayudaríamos a conocerse, a pasar tiempo con ella, a estar en contacto con sus emociones, a averiguar qué le gusta hacer y qué es importante para ella, a reconocerse sus cualidades y logros y a hacer acciones para cuidarse física y mentalmente.

Miedo al rechazo

Si se enfada porque le pones límites, no te quiere.

La tercera razón por la que Celia no dice no es porque teme que la rechacen. ¿Te ha pasado alguna vez? Esto es normal que nos ocurra a todos, ya que la necesidad de ser aceptado en el grupo es universal. Hace miles de años los seres humanos cazaban en manada y ser rechazado por la comunidad significaba no cazar, no comer y morir.

Es frecuente que queramos ser reconocidos y aceptados en un grupo, pero dejar de ser nosotros mismos para conseguirlo o hacer cosas que no queremos para que nos acepten no debería ser nuestra moneda de cambio. Es como si prostituyéramos nuestra voluntad a cambio de aceptación. Sé que suena duro, pero es que estoy harta de que no te respetes. ¿Te gustaría que alguien hiciera cosas que realmente no quiere hacer por ti? Si pudieras, ¿no le ahorrarías el malestar a alguien de hacer algo que no quiere? ¿Y por qué no te lo permites a ti?

Vamos a hablar sobre el rechazo: cuando alguien nos rechaza es posible que nos lo tomemos a lo personal y eso nos haga sentir mal. Tal vez nunca te hayas planteado esto, pero en realidad cuando alguien nos rechaza lo que está rechazando es una imagen de nosotros que se ha hecho esa misma persona con sus creencias, expectativas y lo que le han contado sobre nosotros, ¿te acuerdas de los conceptos mentales del primer capítulo?

Es como si la persona hiciera un retrato de nosotros y luego le pareciera horrible su propio dibujo. ¿Te sentirías atacado porque a alguien no le guste el que él ha hecho? ¡Coño, que aprenda a dibujar! ¿no? Pues lo mismo debería pasarnos cuando a alguien no le guste la idea que se ha formado de nosotros.

En este punto trabajaríamos con Celia para que no se tomase personalmente lo que los demás le digan, de forma que no se sienta culpable por no hacer lo que los otros esperan de ella y le enseñaríamos a poner límites amables y a priorizarse.

Idea de amor basada en el sacrificio

> No has venido al mundo a ser el felpudo de nadie.

A Celia le vendieron la idea de que el amor consiste en sacrificarse. Con este pensamiento está amando a otros malamente, y, además, no es consciente de su propio desamor hacia ella misma.

Querer a alguien es querer que esa persona esté bien, querer que pueda ser independiente, que se desarrolle como individuo y que sea libre. A veces se puede ayudar más a otros siendo solo un apoyo sin darles lo que quieren, porque así pueden apañárselas para conseguirlo por sí mismos y esto fomenta su autonomía, autoestima y seguridad.

Le haríamos ver a Celia que priorizarse podría ayudar a que las personas de su entorno pudieran volverse independientes y desarrollarse del todo para convertirse en seres humanos funcionales. También cambiaríamos la idea de que para ser buena debe sacrificarse por los demás y le explicaríamos que su salud mental depende de que se priorice de una maldita vez.

Aquí te dejo algunas ideas para mejorar tu asertividad:

- Escríbete mensajes que te empoderen en pósits y ponlos por toda tu casa para leerlos hasta que asimiles que eres un ser humano que merece poner límites. (Este punto está más desarrollado en el epígrafe «Ejercicio 3. Porque yo lo valgo»).
- Escribe una lista de razones por las que te mereces priorizarte a partir de hoy y léela a diario hasta que lo hayas interiorizado (por ejemplo: porque no soy el felpudo de nadie, porque estoy harto de tener ansiedad...).
- Apunta las situaciones y las personas con las que notas que te sientes mal cuando dices no y trata de escribir cómo te gustaría poner límites en esas situaciones en el futuro. (Este punto está más desarrollado en el epígrafe «Ejercicio 4. No me pises, que llevo chanclas»).
- Observa tus sensaciones cuando notes que en una situación te piden ayuda y realmente en tu interior no quieres ayudar. Trata de aceptar tus sensaciones, date cuenta de que es normal que te sientas así y que no significa que estés obligado a actuar de una forma que te hace daño.

- Trata de ir poniendo límites poco a poco desde el respeto y la amabilidad, aunque eso signifique dejar alguna relación y te sientas mal (poco a poco te irás sintiendo mejor).
- Date cuenta de todas las cosas que te negabas a ti mismo por pensar que eran de persona egoísta, haz una lista y trata de hacer al menos una cosa de la lista a la semana (por ejemplo: descansar en el sofá teniendo cosas por hacer).
- Intenta ser amable contigo y tratarte bien, es un proceso en el que estás cambiando creencias arraigadas durante años y no va a ser fácil.

Test para saber cómo llevas poner límites

1. **Decir no es de personas egoístas:**

   Sí ☐ **No** ☐

2. **Me siento mal si me priorizo respecto a los demás:**

   Sí ☐ **No** ☐

3. **Si dijera que no, se enfadarían conmigo:**

   Sí ☐ **No** ☐

4. **Cedo a las demandas de los demás para evitar conflictos:**

   Sí ☐ **No** ☐

5. **Siento que no merezco expresar lo que necesito:**

   Sí ☐ **No** ☐

Autocorrección

1. **Si has respondido a todas que no, llevas bien poner límites.**
2. **Si has respondido a dos o menos que sí, llevas medio bien poner límites.**
3. **Si has respondido a tres que sí, llevas regulinchi poner límites.**
4. **Si has respondido a cuatro o más que sí, llevas de pena poner límites.**

Ejercicio 3.

Porque yo lo valgo

Este ejercicio consiste en escribir mensajes empoderadores en pósits —o en cualquier papel— y colocarlos por las paredes de tu casa, en tu nevera o en los muebles para ir leyéndolos y que te vayan ayudando poco a poco a cambiar tus creencias.

Ejemplos de mensajes empoderadores:

Estoy hasta los huevos/el coño de vivir para los demás. A partir de hoy voy a vivir para mí.	¡Me merezco de una vez hacer lo que me dé la gana!

Decir no = amor propio.	No soy el elfo doméstico de nadie.
Si alguien se enfada conmigo porque no quiero hacer algo, que le den.	El resto de seres humanos no son mi responsabilidad, se pueden cuidar solos.
Soy un ser humano y tengo los mismos derechos que cualquier otro.	Mandar a cagar a más de uno también se puede considerar un acto de amor propio.

Ahora crea tus propios mensajes empoderadores: rellena los pósits y pégalos por las paredes de tu casa. Si te gustan los ejemplos anteriores, puedes utilizarlos también; lo importante es que te los creas y que al leerlos te dé subidón.

Cuando ya los hayas asimilado, puedes cambiarlos por otros que también te hagan sentir bien al leerlos.

Ejercicio 4.
No me pises, que llevo chanclas

En la siguiente tabla vas a encontrar tres ejemplos en los que puedes ver dos formas distintas de responder ante una misma situación: una más pasiva —«Cómo reaccioné»— y otra más asertiva — «Cómo me hubiera gustado reaccionar»—.

Ejemplo de registro de situaciones en las que me cuesta poner límites:

Situación (lo que pasó)	Un amigo me dice que tiene que hacer una mudanza y que necesita mi furgoneta, y yo me quiero ir fuera de fin de semana.	En la playa, me atrevo a ponerme bañador a pesar de que me siento insegura con él y mi madre me dice que no me queda bien.	En mi trabajo no hay suficiente personal, por lo que llevo unos días saliendo una hora más tarde que luego no me pagan.
Lo que me dijeron	Tío, necesito tu furgoneta. ¿Nos ayudarías este fin de semana a mover trastos?	Cariño, ese bañador no te favorece. Un día te acompaño a comprarte uno.	Hoy necesito que te vuelvas a quedar una hora más porque no llegamos.
Cómo reaccioné (pasiva)	Claro. Para eso están los colegas.	Vale, mamá. Cuando quieras.	Claro, me quedo sin problema.

Cómo me hubiera gustado reaccionar (asertiva)	No puedo, tío. Este finde me voy de escapada, lo siento.	Entiendo que creas que no me favorece, pero yo no pienso que me quede mal.	No puedo, tengo que salir a mi hora. Si lo necesitas en el futuro podemos revisar y modificar el contrato laboral.

Ahora anota tú aquí situaciones en las que te costó poner límites para darte cuenta de cómo reaccionaste y de cómo te hubiera gustado reaccionar. La idea no es que te machaques por no reaccionar como te hubiese gustado, sino que seas consciente de cómo te gustaría reaccionar para que la próxima vez te resulte más fácil hacerlo de esa manera. Es más sencillo que consigas poner límites siendo amable hacia ti.

Situación (lo que pasó)			
Lo que me dijeron			
Cómo reaccioné (pasiva)			
Cómo me hubiera gustado reaccionar (asertiva)			

DETECTIVE PRIVADO EN CASA

Tener celos es normal, lo que no es normal es que dominen tu vida.

Blanca y Jordi son la pareja del año. Llevan tres meses de relación, pero su amor ha sido tan intenso e inesperado que ya están viviendo juntos.

Jordi siempre ha tenido una mala imagen de sí mismo porque de pequeño le hicieron *bullying* por tener sobrepeso. Blanca para él es muy atractiva, por lo que siente que no está a su altura y que podría perderla en cualquier momento. Esta idea ha hecho que sienta celos constantes y desconfianza hacia ella, que tengan muchas discusiones y que incluso él le llegue a controlar los horarios o a leerle el móvil. Blanca sabe que los celos de Jordi en realidad no tienen nada que ver con ella, pero eso no quita que la situación sea bastante complicada de llevar para ella. La única razón por la que Blanca sigue con Jordi es porque él ha empezado a ir a terapia y espera que cambie.

Los celos pueden darse en cualquier relación, pero aquí vamos a centrarnos en los que sentimos en las relaciones de pareja.

Los celos son una respuesta que da nuestro cerebro cuando sentimos que podemos perder a la persona que queremos o cuando sentimos que otra compite con nosotros por el amor de nuestra persona querida.

¿Has tenido celos alguna vez? Cuando nos creemos las películas que los celos nos cuentan nos podemos volver superirracionales y hasta agresivos. Los celos se pueden manifestar en forma de tristeza, enfado, desconfianza, conductas de vigilancia y espionaje, etc.

Jordi, además de desconfiar de Blanca, le controla los horarios y le lee el móvil. Le encantaría sentirse seguro en su relación y que todo se la sudara, pero cuando sus celos se apoderan de él, siente que no puede evitar cogerle el móvil a Blanca y ponerse a buscar posibles infidelidades —*spoiler:* sí se puede—.

Si tienes celos no es que quieras mucho a otra persona, es que tú no te quieres lo suficiente.

¿Por qué aparece este miedo a perder a alguien? En el caso de Jordi surge más por una falta de confianza en sí mismo que por desconfianza hacia Blanca, pero como sus celos le dicen que es a ella a quien tiene que controlar, está atrapado en esa forma de ver las cosas y no puede hacer el «cambio de chip» necesario para gestionar sus celos de manera sana.

Por eso, el primer paso con Jordi sería hacerle ver que la responsabilidad de sus celos es suya —no de Blanca, aunque sería maravilloso contar con su apoyo— y el segundo paso sería ayudarle a cambiar las creencias que sostienen sus celos. Si Jordi se sintiera bien consigo mismo, no necesitaría controlar nada de lo que hace Blanca y simplemente confiaría en ella siempre que respetara los acuerdos de la relación.

¿Qué suele haber detrás de tener celos? En el caso de Jordi hay:

- Heridas del pasado.
- Idea del físico y del estatus de mierda.
- Mala relación consigo mismo.
- Idea de amor basada en la posesión.

Vamos a sumergirnos en la mente de Jordi.

Heridas del pasado

> No podemos elegir nuestras mierdas,
> pero podemos elegir qué hacer con ellas.

Jordi se ve mal a sí mismo por algo que le pasó cuando era pequeño. Le hicieron *bullying* por tener sobrepeso: sus compañeros de clase le pegaban, le insultaban y le excluían. Antes hemos comentado cómo le afecta a una persona ser excluida de un grupo, pues cuando nos ocurre siendo niños todavía es mucho peor para el desarrollo de nuestra autoimagen.

Jordi arrastra esta imagen negativa de sí mismo hasta hoy, aunque sea algo que le pasó hace mucho tiempo y en la actualidad las personas de su alrededor no le vean así ni le maltraten, no puede evitar verse como si fuera defectuoso.

Jordi no se merecía que le ocurriera eso, pero él no es consciente de que al no permitirse gestionar lo que pasó lo tiene enquistado y actualmente le sigue afectando. No podemos cambiar el pasado, pero podemos gestionar lo que sentimos ahora de la mejor manera posible y recolocarlo en nuestra cabecita para dejar de darle poder en el presente.

¿Te acuerdas de cómo se gestionan las mierdas? Pues para que esta herida dejara de doler tendríamos que enseñar a Jordi a ser amable consigo mismo para acompañarse en el proceso de aceptar sus mierdas. Después, le animaríamos a que expresara sus emociones permitiéndoselas sentir, haciéndole ver que no es su culpa y trataríamos de ayudarle a recolocar lo que le pasó en la historia de su vida encontrando con él un significado para sanarlo.

Idea del físico y del estatus de mierda

— ¿Tan guapa y sin novio?
— ¿Tan superficial y soltero?

Jordi piensa que el valor de las personas lo determina su atractivo físico. Ser excluido por su sobrepeso hizo que la idea de que la gente atractiva vale más se arraigara en él y le haya acompañado hasta el día de hoy. Cree que las personas atractivas están a un nivel superior y deben de emparejarse únicamente con personas del mismo nivel de atractivo. Esa creencia le hace sufrir porque siente que es inferior y que no está a la altura de Blanca.

En este caso le plantearíamos a Jordi, en primer lugar, que el atractivo es subjetivo, aunque haya unos cánones de belleza generales. Lo que para unas personas es atractivo puede no serlo para otras, por lo que no existe una pirámide en la que estén en la cima los más atractivos y él esté abajo del todo. ¿Te acuerdas de que vemos el mundo según nuestros conceptos mentales? Pues es posible que Blanca no sea tan atractiva como él cree y que él lo sea mucho más, según quien lo valore.

En segundo lugar, le haríamos ver que una persona, además de un físico, tiene una personalidad, y que la mayoría de veces es lo que más nos atrae de ella. Hay individuos que en ocasiones pueden resultarnos muy atractivos físicamente, pero que luego su forma de ser no nos atraiga, y hay otros que tienen un físico normal, pero una personalidad superatractiva. Blanca seguramente se sienta más atraída por las cualidades de Jordi que por su físico, por lo que no tiene a nadie contra quien competir y no es ni mejor ni peor que nadie; simplemente es diferente y único.

Mala relación consigo mismo

Os tratáis tan mal que cuando lo hacen otras personas os parece normal.

Las personas que tienen una imagen negativa de sí mismas suelen tener también una relación de mierda consigo mismas. Jordi ni siquiera es consciente de ello, pero se habla fatal y no se cuida en ningún aspecto de su vida —horas de descanso, alimentación o ejercicio— ni en sus relaciones con los demás —comunicación, empatía y asertividad—. ¿Crees que con esta actitud le resulta fácil quererse? Efectivamente no. Jordi no lo sabe, pero hoy por hoy él es el que con sus acciones promueve su idea de mierda de sí mismo.

¿Y cómo ayudamos a Jordi a llevarse bien con Jordi? En primer lugar, haciendo que se reconozca como un ser humano con los mismos derechos que cualquier otro. A partir de ahí le ayudaríamos a reconocer cuando no se trata bien para corregirlo, además de que le recomendaríamos ciertas pautas de autocuidado para mejorar la relación con él. Por último, le enseñaríamos a expresar sus necesidades y a poner límites en sus relaciones de forma asertiva.

Idea de amor basada en la posesión

— Sin ti no soy nada... Te necesito, como a la luz del sol... Cómo hablar si cada parte de mi mente es tuya...
— Amaral, hija, ¿la independencia emocional pa' cuando?

Existe una idea de «amor posesivo» muy extendida gracias a la cultura y a la sociedad que se puede resumir en «nos queremos, nos pertenecemos». De alguna manera, nos hemos creído que la pareja es nuestra propiedad y que sin esa persona no somos nadie.

Ya lo decía Amaral «Sin ti no soy nada...», pero esto es bonito, ¿no? El amor es así, el otro me complementa... ¡Pues no! ¡Eso es una mierda! Lo siento Amaral, pero no necesitas a nadie para ser feliz ni que te complemente ni que te pertenezca, porque las personas no somos objetos que se pierden o se ganan, no podemos perder a alguien que nunca ha sido nuestro.

Lo siento si me enfado, pero es que no sabes la de personas que sufren a diario por esta idea de amor.

Si quieres que tu pareja haga lo que tú quieres, la próxima vez la puedes pedir por Amazon.

¡Pero, ojo! Que aquí no estoy diciendo que nos tengamos que conformar con las migajas de una «no-relación» de esas en las que siempre estamos mendigando amor y la otra persona pasa de nosotros. Eso no es amor libre. Eso es una caca. Una relación sana es en la que dos personas se quieren bien y no son esclavos de las expectativas de lo que se supone que deberían hacer tanto uno como otro por el hecho de ser pareja. Cuando queremos sanamente, queremos que la otra persona sea como quiera ser, que vaya adonde quiera ir y que comparta su tiempo con nosotros cuando quiera compartirlo, siempre que se respeten los acuerdos de pareja.

Con Jordi trabajaríamos en su autoconocimiento y en su propia autonomía e independencia emocional para que encontrara también espacios para desarrollarse él mismo y darse cuenta de que no necesita a Blanca para estar bien. De esta forma podría disfrutar de él mismo y de la relación y seguramente no tendría tanta ansiedad por controlarlo todo y viviría mucho más tranquilo.

Aquí tienes algunas ideas para gestionar mejor los celos:

- Lee libros, ve películas y habla con personas que entiendan el amor de una forma libre y no posesiva.
- Fomenta tu amor propio y la confianza en ti mismo.
- Intenta restarle importancia a la vida de tu pareja y centrarte en la tuya: haz planes tú solo y con amigos, organízate trabajo, estudio, aficiones, etc.
- Escríbele una carta a tu pareja que te ayude a gestionar los celos. (Este punto está más desarrollado en el epígrafe «Ejercicio 5. Suéltalo, suéltaloo»).
- Si haces acciones que fomentan tu inseguridad y desconfianza en la relación, como espiarle, ver lo que mira en el móvil, etc., intenta dejar de hacerlo y sustituirlo por una acción que te haga sentir bien.

- Puedes probar alguna actividad o juego para mejorar la comunicación y la intimidad en la relación de pareja. (Este punto está más desarrollado en el epígrafe «Ejercicio 6. La chispa adecuada»).
- Haz una lista de razones por las cuales crees que tu pareja te elige a ti cada día y léelas a diario (por ejemplo: soy buena persona, comparto la última croqueta...).

Test para saber cómo te llevas con tus celos

1. **Siento que mi pareja puede encontrar fácilmente a alguien mejor que yo:**

   Sí ☐ **No** ☐

2. **Me cuesta cuidarme y tratarme bien:**

   Sí ☐ **No** ☐

3. **En el pasado me hicieron daño y tengo miedo de que me vuelva a ocurrir:**

   Sí ☐ **No** ☐

4. **No soporto la idea de perder a mi pareja:**

   Sí ☐ **No** ☐

5. **Controlo lo que mi pareja hace esperando confirmar mis sospechas de que me está engañando:**

   Sí ☐ **No** ☐

Autocorrección

1. **Si has respondido a todas que no, te llevas bien con tus celos.**
2. **Si has respondido a dos o menos que sí, te llevas medio bien con tus celos.**
3. **Si has respondido a tres que sí, te llevas regulinchi con tus celos.**
4. **Si has respondido a cuatro o más que sí, te llevas de pena con tus celos.**

Ejercicio 5.

Suéltalo, suéltaloo

Lee este ejemplo de carta a tu pareja para gestionar los celos.

Querido ________________:

Te quiero mucho, pero me he dado cuenta de que mientras te quiera con miedo no te estoy queriendo bien.

Me gustaría que seas como quieras ser, que hagas lo que quieras hacer y que vayas adonde quieras ir. Deseo que si tú quieres me dejes acompañarte mientras yo soy como quiero ser, hago lo que quiero hacer y voy adonde quiero ir. Eso sí, mientras los dos cuidamos la relación y respetamos nuestros acuerdos.

A veces mis mierdas del pasado vienen a visitarme y, cuando logran secuestrarme, llego a creerme que no soy suficiente para ti o que puedo perderte. Se me olvida que la conexión que tenemos nunca la había sentido con nadie. Cuando vuelvo a ser consciente de eso, me doy cuenta de que no tiene sentido tener miedo a perderte.

Mi mente me hace ver competidores en todas partes y hace que me compare con todos los seres vivientes porque quiere protegerme para que no vuelva a sufrir como lo hice anteriormente. Cuesta mucho, pero a partir de aquí es mi trabajo decirle a mi mente que no hay peligro porque nuestra relación no tiene nada que ver con lo que viví en el pasado.

Sé que en ocasiones parezco posesivo, pero no quiero atarte, no te quiero de mascota. Quiero que caminemos cada uno por su camino, sin invadir el del otro, mientras nos acompañamos mutuamente.

Por eso, que veas, hables o quedes con otras personas, respetando nuestros acuerdos, es normal y voy a tratar de que me afecte lo mínimo posible. Lo que hagas con tu cuerpo, con tus ojos y con tu tiempo no me pertenece y solo depende de ti, y a mí me encanta ver que haces lo que a ti te hace feliz.

Gracias por acompañarme.

Te amo y te amo libre.

Ahora escríbele tú una carta a tu pareja basándote en la anterior. Requisitos:

- **Dile cómo te gustaría que fuera vuestra relación.**
- **Explícale por qué crees que sientes celos.**

- Expresa tu deseo de cambiar lo que esté en tu mano para mejorar la relación.
- Hazle ver que a partir de ahora vas a intentar darle su espacio.
- No te dejes para después y comienza a escribirla ya, tal vez te ayude.

Carta a tu pareja para gestionar mejor los celos:

Querido ________________________:

Me encantaría quererte bien...

____

____

____

____

____

A veces mis mierdas del pasado vienen a visitarme...

____

____

____

____

____

Sé que a veces puedo parecer posesivo...

____

____

____

____

____

Por eso, que veas, hables o quedes con otras personas, respetando nuestros acuerdos, es normal y voy a intentar...

____

____

____

____

____

Ejercicio 6.

La chispa adecuada

Comprueba cuánto os conocéis tu pareja y tú a través de un juego de preguntas para mejorar vuestra intimidad.

¡IMPORTANTE! Lee todo bien antes de empezar, que si no se fastidia el juego.

Dile a tu pareja que escriba las preguntas en un folio aparte para que pueda responderlas sin que tú le veas y que deje espacio para contestarlas. Cuando haya copiado todas, comienza el juego.

Tienes que apuntar:

- **En el hueco de Yo cómo responderías tú.**
- **En el hueco de Mi pareja cómo crees que respondería ella.**

Una vez las hayáis contestado, la gracia es ir pregunta por pregunta y que cada vez uno comience diciendo lo que cree que el otro ha respondido y comprobando vuestras respuestas en el papel.

El juego no va de enfadarse con el otro, no me seáis... Recordad que cada uno tenemos unos conceptos mentales distintos. La idea es compartir diferentes puntos de vista y aprender también el uno del otro.

Si estas preguntas no os gustan, podéis inventaros otras que sean significativas para vosotros, y podéis dejar que la conversación os lleve a otros temas que os interesen. El objetivo es conoceros más a vosotros mismos y a vuestra pareja, y fortalecer la conexión que sentís. Allá vamos:

1. Te vas de viaje de forma muy repentina y solo te puedes llevar tres cosas contigo, ¿qué cosas serían?

   Yo

   ____
   ____
   ____

   Mi pareja

   ____
   ____
   ____

2. ¿Con quién compartirías la última croqueta?

   Yo

   ____
   ____
   ____

   Mi pareja

   ____
   ____
   ____

3. ¿A qué país viajarías el año que viene si pudieras?

Yo

Mi pareja

4. ¿Cuál ha sido la experiencia más vergonzosa de tu vida?

Yo

Mi pareja

5. ¿Qué logro tuyo te hace sentir más orgulloso?

Yo

Mi pareja

____

____

____

6. ¿Qué te hace cagarte de miedo?

Yo

____

____

____

Mi pareja

____

____

____

7. ¿Qué canción te sube más el ánimo?

Yo

____

____

____

Mi pareja

____

____

____

8. ¿Qué es lo más loco que has hecho en tu vida?

Yo

Mi pareja

9. ¿Cuál es tu mejor momento de tu día?

Yo

Mi pareja

10. ¿Qué crees que es lo mejor que puedes dar de ti a otras personas?

Yo

Mi pareja

11. Si pudieras volver a elegir, ¿qué estudiarías o en qué trabajarías?

Yo

Mi pareja

QUIÉREME MAL

Eso que tanto te atrae de esa persona que no conoces son tus mismos patrones tóxicos de relación.

Tamara tiene treinta y cinco años. Es hija única. Sus padres se separaron cuando ella tenía doce, pero siguieron conviviendo en la misma casa porque no podían permitirse dos viviendas. Tamara creció normalizando las faltas de respeto, la manipulación y los gritos por parte de sus dos progenitores. Actualmente vive con su nueva pareja, Juan, y tienen un hijo pequeño de dos años.

A lo largo de su vida ha tenido varias relaciones difíciles con sus exparejas. Algunos de sus ex le maltrataron psicológicamente y a ella le costó mucho salir de este tipo de relaciones, pero lo consiguió gracias a la terapia. Hoy tiene con Juan una relación sana en la que se siente estable y en paz, pero hay una amiga, Aroa, que le habla constantemente, le manipula y se siente atraída por ella. Tamara no entiende por qué justamente ahora, que por fin consigue ser feliz, su cerebro se empeña en hacerle creer que tal vez podría ser más feliz con Aroa.

¿Cómo te llevas con el término «persona tóxica»? Yo estoy harta de oírlo por ahí. La etiqueta «tóxica» después de la palabra «persona» puede dar a entender que hay algo malo y permanente en esa persona. Esa supuesta toxicidad normalmente es diagnosticada por otro alguien que ha sufrido a consecuencia de la susodicha persona, pero que no tiene ninguna manera de demostrar ese supuesto veneno —no hay test baremados que diagnostiquen a personas tóxicas—.

¿Has tenido una relación con alguna persona tóxica? ¿Se te ha ocurrido alguna vez que tal vez tú también seas el ex tóxico de alguien? Tamara probablemente no se lo haya planteado, pero es posible que ella haya sido considerada tóxica por algunos de sus ex.

Las personas en una relación tóxica siempre creen que el tóxico es el otro.

Cuando alguien nos habla de una persona tóxica, todos la queremos lejos, pero ¿y si la que realmente es tóxica es la que nos está hablando? ¿O y si lo que considera tóxico es en realidad normal? Lo que para una persona puede ser tóxico, puede no serlo para otra. A veces ir por ahí diciendo que los demás son tóxicos solo sirve para culparles de todos nuestros males y no tomar responsabilidad de nuestras propias mierdas. Si esperabas que este libro te sirviera para eso, lo siento, ya dije al principio que no era de autoayuda.

Con esto no estoy diciendo que no haya personas que hagan daño a otras deliberadamente —que por desgracia existen—, solo sugiero que para ser seres humanos funcionales igual es más útil poner el foco en tomar conciencia de nuestras mierdas, responsabilizarnos y poner límites que en culpar a otros por su supuesta toxicidad. Por eso yo prefiero hablar de relaciones difíciles, así todos somos adultos responsables de los vínculos y relaciones que creamos entre nosotros.

Tamara fue criada en un hogar en el que, por desgracia, eran comunes diferentes maneras de maltrato, de modo que ella lo asimiló como algo normal y esperable en cualquier relación de pareja. Por esta razón, pasó tanto tiempo en relaciones difíciles y le costaba dejarlas. Pensaba que los gritos, las manipulaciones y reproches eran formas de demostrar amor en una pareja. Por suerte decidió ir a terapia porque no se sentía bien y allí se dio cuenta de que no quería eso en su vida.

Ahora que Tamara está con Juan, racionalmente sabe que no quiere manipulaciones, abusos ni relaciones de mierda, pero emocionalmente no puede evitar que su cerebro considere atractivo y familiar a alguien que se comporte de esta manera, que es lo que le pasa con Aroa. De alguna manera Aroa activa ese interruptor en su cerebro —en el que pone «sufrir»— que le indica que es una candidata perfecta para tener una relación difícil como la de sus padres.

Gestionarte tus mierdas te protege de enamorarte de la primera persona que te haga caso.

El problema —como siempre— está en creernos la película que la mente nos está contando. Para el cerebro creador de unicornios y arcoíris de Tamara, lo que siente por Aroa es amor, cuando lo que en realidad siente es activación de una huella de memoria relacionada con patrones relacionales tóxicos.

¿Qué suele haber detrás de que no seamos conscientes de nuestros patrones tóxicos de relación? En el caso de Tamara hay:

- Falta de autoconocimiento.
- Falta de autoestima.
- Falta de límites.
- Idea de amor basada en la necesidad.

Vamos a bucear en la cabecita de Tamara.

Falta de autoconocimiento

> A veces no necesitas comprender por qué esa persona hace lo que hace, sino por qué tú sigues con ella.

Para una persona que tiene una relación de mierda con otra y su cerebro le está diciendo que lo que siente por ella es amor, es muy jodido sacarle la cabeza de su culo y hacerle ver que es una idealización —seguro que lo has intentado con alguna amiga o amigo y han pasado de tu cara—.

Hay personas que incluso, sabiendo que es una idealización y que la relación con esa persona les hace daño, eligen autoengañarse y tener esa relación difícil porque así sienten que son ellos mismos —acuérdate de que tu cerebro te hace ser coherente con tu película—.

Para que las personas que han tenido las vivencias de Tamara puedan protegerse de relaciones así, lo ideal es comenzar con un trabajo profundo de autoconocimiento. Es importante que Tamara sea consciente de que lo que Aroa activa en su cerebro es un subidón causado por semejanza con sus patrones relacionales de crianza, y que tenga herramientas para desenmascarar el engaño de su cerebro.

En este caso le enseñaríamos a Tamara a reconocer sus sensaciones corporales, sus sentimientos, sus patrones de relación y sus vulnerabilidades. La idea es que ella pudiera reconocer cómo se siente con cada relación y fuera consciente de lo que le hace sentir bien y que en función de eso eligiese a qué relaciones dedicarle tiempo.

Sería interesante también indagar en sus verdaderas necesidades. Normalmente, cuando tenemos una relación difícil con otra persona, suele estar cubriendo necesidades afectivas nuestras. Puede ser una necesidad de ser importante para alguien, de validación o de estar acompañada, por ejemplo. Podríamos enseñarle a Tamara a reconocer esas necesidades suyas y cómo cubrirlas por ella misma de una forma sana mientras le enseñamos a forjar otros vínculos afectivos sanos en los que pudiera apoyarse.

Falta de autoestima

> Si para querer a alguien tienes que dejar de quererte tú, ahí no es.

Uno de los requisitos para tener una relación difícil es una baja autoestima. Cuanto menor sea, más probable será tener este tipo de relación. Las personas que han vivido maltratos suelen desarrollar una idea de mierda de sí mismas y esto hace que se sientan atraídas por otras que les hacen sentir inferiores, y lo peor de todo es que ni siquiera son conscientes.

Necesitamos que Tamara se quiera a sí misma por encima de todo, porque si se quiere sanamente, no va a caer tan fácilmente en las redes de Aroa. ¿Y cómo conseguimos que se quiera? En primer lugar, motivándole a que se vea como un ser humano digno de amor, a pesar de no haberlo recibido como se merecía en su infancia. En segundo lugar, enseñándole cómo perdonarse por todo lo que ha tenido que aguantar. Por último, haciéndole ver lo que ella aporta al mundo y el valor que tiene como ser humano.

Falta de límites

No eres tú, soy yo, que he ido a terapia.

Una vez Tamara sea consciente de lo que le ocurre, sea capaz de no creerse su película y se quiera lo suficiente como para no dejarse manipular, los límites y la asertividad vendrán prácticamente solos. Cuando sabemos que somos seres humanos dignos de amor y que no hemos hecho nada malo es relativamente sencillo mandar a cagar a cualquiera sin sentirnos mal o culpables. Aunque es posible que al principio cueste si no se ha hecho nunca. Si buscas en el apartado LA MOSCA EN LA TELARAÑA podrás ver más desarrollado cómo se pueden tirar abajo algunas creencias que están debajo de la dificultad de poner límites.

Idea de amor basada en la necesidad

—Es normal que te sientas así, te entiendo.
—¿Qué es esto? ¿Amor incondicional?
¡Me asusta! ¡Me vuelvo con mi ex!

Como he explicado en apartados anteriores, la idea de amor más socialmente extendida es una idea de amor de mierda. Esta cala en nuestras cabecitas desde que somos pequeños gracias a películas, canciones, etc. Si a esto le sumas unos patrones relacionales insanos en casa, es prácticamente imposible que alguien tenga relaciones sanas por defecto.

Tener una idea sobre algo conlleva ciertas expectativas, es decir, esperar que las cosas sean de una forma concreta. Cuando tenemos una idea de amor de mierda es habitual que esperemos que nuestra pareja llene nuestras carencias a la vez que nosotros llenamos las suyas —con los consiguientes problemas que esto acarrea— y también es común que nos parezca normal que nos maltraten y maltratar.

En este punto haríamos ver a Tamara su percepción de amor, cómo le hace sentir y le ayudaríamos a cambiarla por una de amor más sana. Podríamos profundizar en la idea de que en una relación de pareja sana lo normal es que se sienta calma, paz y seguridad y no inquietud, dependencia y angustia.

Aquí van algunas sugerencias para reconocer y gestionar tus patrones tóxicos de relación:

- Si alguna persona te parece atractiva, déjate sentirlo y normalízalo sin caer rendido a sus pies; al fin y al cabo, es solo una sensación, no significa que le tengas que poner un anillo en el dedo.
- Si has decidido que no quieres tener relación con una persona, lo bueno sería el contacto cero. Haz una lista de situaciones o momentos en los que creas que puedes creerte tu película y ten preparada alguna herramienta que te disuada de caer en el contacto con esa persona. (Este punto está más desarrollado en el epígrafe «Ejercicio 7. Stop autoengaño»).
- Fomenta y refuerza tu autoestima. Date cuenta de cómo te mereces ser tratado y pon límites a las personas que sientas que los sobrepasan.

- Lee más adelante las cinco diferencias entre relaciones difíciles y relaciones sanas, y escribe una lista de cosas que sientes que te mereces en cualquier relación. (Este punto está más desarrollado en el epígrafe «Ejercicio 8. Yo merezco»).
- Reflexiona sobre tu idea de amor. Lee libros, ve películas y habla con amigos que sepas que entienden el amor de una forma libre y no posesiva.
- Fomenta tu independencia, date cuenta de que disfrutas de ti mismo haciendo cosas solo y que no necesitas a nadie para estar bien.
- Expresa tus emociones, permítete sentirlas y atiende tus necesidades afectivas.

Test para saber si tienes patrones tóxicos de relación

1. **Siento que necesito a esa persona y que nunca me voy a poder desenganchar de ella:**

   Sí ☐ **No** ☐

2. **Estar con esa persona me hace sentir inferior a ella:**

   Sí ☐ **No** ☐

3. **No importa lo mal que me trate, siempre le abro la puerta de nuevo:**

   Sí ☐ **No** ☐

4. **Mi estado de ánimo depende del contacto con esa persona:**

   Sí ☐ **No** ☐

5. **Sufro a causa de la relación con esa persona:**

   Sí ☐ **No** ☐

Autocorrección

1. **Si has respondido a todas que no, parece que no tienes patrones tóxicos de relación.**
2. **Si has respondido sí a dos o menos, tal vez tengas algún patrón tóxico de relación.**
3. **Si has respondido a tres que sí, tal vez tengas varios patrones tóxicos de relación.**
4. **Si has respondido a cuatro o más que sí, necesitas hacer sí o sí los ejercicios que te propongo a continuación.**

Ejercicio 7.

Stop autoengaño

Aquí tienes un ejemplo de registro de situaciones vulnerables y cómo no caer en el autoengaño. En esta tabla puedes ver cinco filas. En la primera, «Situación», describe lo que pasó de la forma más objetiva posible; en la segunda, «¿Qué siento?», detalla lo que sentiste a causa de esa situación; en la tercera, «¿Qué quiero hacer?», lo que te gustaría hacer; en la cuarta, «¿Qué es lo mejor para mí?», lo que consideras que es mejor para tu salud mental a largo plazo; por último, en la quinta fila, «¿Qué me ayuda a hacer lo que es mejor para mí?», describe qué te ayuda a dejar de autoengañarte.

Situación	En casa un sábado por la noche, mi pareja ha salido.	Ver un meme, escuchar una canción o algo que me recuerda a esa persona.	Esa persona me habla.
¿Qué siento?	Soledad y tristeza.	Tristeza y nervios.	Ansiedad.

¿Qué quiero hacer?	Quiero escribir a esa persona con la que tengo una relación difícil.	Mandárselo o compartirlo con esa persona con la que tengo una relación difícil.	Contestarle de inmediato.
¿Qué es lo mejor para mí?	Hacer cosas solo que me hagan sentir bien y ser capaz de gestionar el malestar por mí mismo.	No mandarle nada y ponerme a hacer otras cosas.	Ponerle límites, dejarle claro que no deseo ese contacto y no contestarle más.
¿Qué me ayuda a hacer lo que es mejor para mí?	Recordarme que cuando hablo con esa persona después acabo sintiéndome peor.	Saber que si se lo envío voy a estar pendiente de su respuesta y si no me contesta, lo voy a pasar mal.	Ser consciente de que ahora una relación con esa persona no es lo mejor para mí y que para dejar la relación tengo que tener contacto cero.

Ahora tú. Ojalá este ejercicio de registro de situaciones vulnerables te ayude a autoengañarte un poco menos.

Situación (describe lo que pasa de la forma más objetiva posible)			
¿Qué siento? (describe la emoción)			
¿Qué quiero hacer? (describe tu conducta deseada)			

¿Qué es lo mejor para mí? (describe la conducta deseada para tu salud mental)			
¿Qué me ayuda a hacer lo que es mejor para mí? (describe qué te ayuda a dejar de autoengañarte)			

Ejercicio 8.

Yo merezco

Lee estas cinco diferencias entre relaciones difíciles y relaciones sanas:

Relaciones difíciles	Relaciones sanas
Te quieren intranquilo.	Te quieren tranquilo.
Te quieren sometido.	Te quieren libre.
Te quieren para llenar carencias.	Te quieren para compartir momentos.
Tienes expectativas que cumplir.	Te quieren como eres.
Invaden tu espacio.	Respetan tu espacio.

Ahora escribe una lista de cosas que sientes que te mereces en cualquier relación. Por ejemplo:

1. Me merezco que me hagan croquetas.
2. Me merezco estar tranquilo... (*sigue tú*)

3. ____________________________________

4. ____________________________________

5. ____________________________________

6. ____________________________________

7. ____________________________________

8. ____________________________________

9. ____________________________________

10. ____________________________________

11. ____________________________________

Léelo a diario hasta que te lo incrustes en el cerebro y mandes a la mierda a cualquiera que no te cuide como mereces.

BE WATER, MY FRIEND

Enfadarte es sano. Poner límites con tu enfado es sano. Hacer daño a otros con tu enfado es de necesitar terapia.

Hugo tiene cincuenta y un años. Vive con su pareja, Adela, y sus dos hijos de quince y doce años. Hugo pasa muchas horas trabajando y tiene un trabajo muy estresante, por lo que cuando llega a casa quiere estar tranquilo y que no le molesten. A veces se pone de malhumor porque sus hijos hacen ruido y a él le duele la cabeza, o porque se encuentra la casa algo desordenada y le cuesta encontrar las cosas que necesita. Prácticamente todos los días acaba gritando a sus hijos porque le hacen perder la paciencia. Por un lado, siente que no quiere gritar a sus seres queridos, pero por otro no entiende por qué no pueden dejarle tranquilo y ser como robots que no hacen ruido ni desordenan nada.

A nadie le gusta estar enfadado. La persona que reacciona con enfado ante una situación difícil normalmente lo hace porque está dolida y no tiene otras herramientas para afrontarla. Es muy difícil ser padres y trabajar a la vez porque estamos sometidos a muchísimas presiones en el día a día y es normal y humano que nos enfademos. Pero entre enfadarnos y hacer daño con nuestro enfado hay un paso de peatones que no tenemos por qué cruzar.

El enfado es una emoción que nos está pidiendo a gritos que pongamos límites porque nos sentimos sobrepasados. ¿Y qué hace Hugo con su enfado? Pues pone límites. La historia que le está contando ahora su mente es que hay un obstáculo para su tranquilidad: el desorden y el ruido, y para que ese obstáculo desaparezca, grita a sus hijos. Pero ¿crees que gritarles va a ayudar a Hugo a estar más calmado?, ¿crees que igual su enfado tiene algo que ver con toda la presión que lleva encima? ¿Con quién crees que está enfadado en realidad Hugo?

Cuando te canses de enfadarte con todos por ser como son, mira a ver si puedes ver por qué estás enfadado contigo.

En defensa del pobre Hugo te diré que se encuentra atrapado en la película que su mente le cuenta —en la que sus hijos son los culpables de su malestar— y difícilmente podrá cambiar las circunstancias que le hacen estar mal porque no siente que tenga ningún control sobre ellas. ¿Qué suele haber detrás de gritarle a nuestros seres queridos? En el caso de Hugo hay:

- Estrés excesivo.
- Creencias rígidas de necesidad de orden y silencio.
- No responsabilización del propio malestar.
- Normalización del maltrato.

Vamos a verlas a fondo.

Estrés excesivo

> Si para poder con todo tienes ansiedad, igual es que no puedes con todo.

Creo que no conozco a ningún ser humano funcional que no esté estresado. Hemos normalizado niveles de trabajo y exigencias que no son sanos para nadie. Todo esto tiene un efecto en nuestra salud mental del que tal vez no seamos conscientes y, si encima somos padres, las obligaciones y el estrés se multiplican.

De la forma en la que funciona el mundo no es que individualmente podamos hacer mucho por cambiar las cosas, pero sí que podemos reflexionar sobre las que realmente necesitamos en nuestra vida y lo que queremos dar de nosotros a las personas que queremos.

Hugo no se está dando cuenta de que tanta presión y estrés tal vez no están afectando a su rendimiento en el trabajo, pero sí a su rendimiento como persona cuando llega a casa. Si le preguntáramos a Adela y a sus hijos, seguramente nos dirían que lo que quieren es ver a Hugo feliz y con ganas de pasar tiempo con ellos.

Obviamente la vida no son unicornios y arcoíris y hay que trabajar para subsistir, pero vendría genial ayudar a Hugo a encontrar un equilibrio trabajo/vida para que pudiera disfrutar más de lo que realmente importa y no tomarse tan en serio las dificultades del día a día. También podría venirle bien que le enseñáramos a relajarse, a organizarse mejor y a poner límites para no cargar con tantas responsabilidades.

Creencias rígidas de necesidad de orden y silencio

> Un buen día te despiertas y te das cuenta de que la clave de la felicidad es que te la pele todo mucho más.

¿Te acuerdas de que el cerebro funciona simplificando el mundo en conceptos para que podamos entender lo que ocurre? Pues a veces el cerebro, en su forma de interpretar, nos hace creer que necesitamos que las cosas sean de una manera concreta para estar bien y no es verdad. Cuando esto pasa, lo normal es que evitemos todo lo que nos hace sentir incómodos, aunque sean circunstancias que podríamos soportar perfectamente. Esto es lo que le pasa a Hugo con el orden y el silencio, que tiene una creencia rígida sobre ellos y cree que los necesita para estar bien.

Tener esta creencia hace que sufra cuando las cosas no están en silencio ni ordenadas, lo cual pasa bastante a menudo. En general, a nadie nos gusta el desorden ni el ruido, pero hay grados que son soportables y viviendo con dos niños lo mejor para Hugo sería aprender a convivir con ello.

En este punto invitaríamos a Hugo a ir poco a poco exponiéndose a situaciones de menos a más ruidosas y desordenadas —sin que llegara a ser una tortura— para que las fuera tolerando poco a poco y así cambiar esa idea prefijada que no le está resultando útil. A la larga le haríamos ver que también se puede ser feliz con ruido y desorden, o bien abrir la puerta a una realidad paralela en la que él nunca tuvo hijos y puede disfrutar de su soledad en lo alto de una colina.

No responsabilización del propio malestar

> Echar la culpa a los demás de algo que te duele es como echarle la culpa a los zapatos de que te huelan los pies.

Cuando crecemos en familias en las que se escuchan expresiones como «tú me enfadas» o «tú me agobias», de alguna manera aprendemos que la culpa de cómo nos sentimos es de los demás. Esto es una trampa terrible porque si pensamos que los otros tienen la culpa de lo que nos pasa, sentiremos que somos esclavos de la situación y, al no tomar las riendas, la situación se repetirá una y otra vez. En cambio, si asumimos la responsabilidad de nuestras emociones, tal vez podamos hacer algo para que no se repitan en el futuro.

¡Ojo! Esto no quita que haya personas que nos hayan jodido y sean también en cierto modo responsables de nuestro malestar. Pero en los casos en los que otra persona no tiene intención de hacernos daño y hace algo que nos molesta, suele ser nuestra interpretación lo que nos hace sentir malestar, y de eso sí que nos tenemos que responsabilizar. Al final somos seres sociales que vivimos en comunidad y si no asumimos nuestras mierdas, será muy difícil convivir con nosotros.

Hugo siente que sus hijos son los culpables de su enfado, por lo que le parece normal descargarse con ellos para que escarmienten. El problema es que el cambio de comportamiento de sus hijos no resuelve su malestar —solo lo hará, si acepta su emoción, pone límites en el trabajo y flexibiliza su mente—, por lo que volverá a enfadarse con ellos en el futuro.

En este punto podríamos trabajar con Hugo el darse cuenta de lo que él siente ante diferentes situaciones, enseñarle a ver la intención de los demás en lo que hacen o dicen y a asumir su responsabilidad en lo que siente y en cómo actúa en esas situaciones.

Normalización del maltrato

> El 80% de tus seres queridos ha sido maltratado con éxito.

En algunas familias es tan común gritarse al comunicar cualquier cosa, que no se dan cuenta de que al hacerlo están haciendo daño a las personas que escuchan. No me refiero a gritos de levantar la voz porque no se nos oye, me refiero a gritos con intención agresiva e hiriente. Lo siento mucho, pero esto que acabo de describir es maltrato psicológico, y cuanto antes seamos conscientes para cambiarlo, mejor.

Algunos de nosotros hemos tenido la mala suerte de haber crecido en ambientes y contextos en los que los adultos se han relacionado a gritos, discusiones y faltas de respeto entre ellos. A Hugo le pasó eso. Cuando era niño sus padres se comunicaban así y él aprendió que gritar y discutir es lo normal cuando se está cansado o frustrado.

Para los adultos como Hugo, que aprendieron que gritar o discutir es una forma válida de comunicación, es complicado no utilizar el grito como estrategia para gestionar el enfado, aunque sepan que no está bien. Es complicado, pero no imposible.

En este caso podríamos trabajar con Hugo la conciencia corporal cuando se enfada, intentar prevenir los gritos saliéndose de la situación, tratar de ver las cosas desde otro prisma y expresar su enfado sin hacer daño.

Aquí van algunas ideas para entrenar el autocontrol:

- Escribe una carta a tu enfado para cambiar la forma de gestionarlo. (Este punto está más desarrollado en el epígrafe «Ejercicio 9. *Vamo' a calmarno'*»).
- Comprométete contigo mismo cada mañana con no gritar y trata de marcar con un tic verde en un calendario cada día que lo consigas.
- Explícales a las personas que conviven contigo que vas a intentar no gritar a partir de ahora, por si te pueden ayudar a ser más consciente cuando lo hagas para retirarte a tiempo (pero que te ayuden con cariño, por favor).
- Trata de, en la medida de lo posible, mantener una carga de trabajo que te permita cierta salud mental.
- Entrena la flexibilidad mental cada semana. (Este punto está más desarrollado en el epígrafe «Ejercicio 10. Wakame»).
- Date cuenta de que tus emociones son siempre tu responsabilidad, cambia frases como «tú me enfadas» o «por tu culpa me siento mal», por frases como «yo me enfado» o «yo me siento mal».
- Si te molesta algo que ocurre, intenta poner límites amables o salir de la situación antes de gritar.

Test para saber cómo te llevas con tu enfado

1. **Grito a mis seres queridos casi todos los días:**

   Sí ☐ No ☐

2. **Voy hasta arriba de curro y cuando llego a casa todo son obligaciones:**

   Sí ☐ No ☐

3. **No soporto que las cosas estén fuera de sitio o que haya mucho ruido:**

   Sí ☐ No ☐

4. **Siempre me están sacando de quicio:**

   Sí ☐ No ☐

5. **Gritar a otras personas es normal, todos gritamos:**

   Sí ☐ No ☐

Autocorrección

1. **Si has respondido a todas que no, te llevas bien con tu enfado.**

2. **Si has respondido sí a dos o menos, te llevas medio bien con tu enfado.**
3. **Si has respondido a tres que sí, te llevas regulinchi con tu enfado.**
4. **Si has respondido a cuatro o más que sí, te llevas de pena con tu enfado.**

Ejercicio 9.
Vamo' a calmarno'

Lee este ejemplo de carta para gestionar tu enfado:

Querido enfado:

Eres mi compañero de viaje menos preferido. Cuando apareces, te noto como fuego dentro de mí que necesita salir y no me gusta porque a veces sale sin mi permiso y hace daño a otras personas o a mí mismo.

Cuando estoy en ese estado y me dejo llevar por ti siento alivio, pero después una enorme culpa en forma de hostia con la mano abierta me pega en la cara.

Ya nos conocemos desde hace un tiempo y ahora estoy aprendiendo a verte como un aliado. Sé que vienes a avisarme de que me han hecho alguna cabronada o de que hay algún obstáculo que me impide conseguir lo que quiero. Si no aparecieras, no podría saber lo que de verdad es importante para mí, así que en realidad te tengo que agradecer todas las veces que me has avisado de que algo no estaba bien.

Además, tengo que agradecerte también esa fuerza que me das porque me da la energía necesaria para mandar a cagar a quien haga falta. Lo único que para no convertirme en Hulk necesito ser consciente de tu llegada, validarte y permitirte estar conmigo mientras yo conduzco sin dejarte a ti al volante.

En el fondo sé que vienes a decirme que estoy dolido y buscas la manera de hacer lo que para ti sería justo: devolver el daño con más daño y lo entiendo, pero eso no va a hacer que me duela menos.

Así que, a partir de ahora, cuando aparezcas, trataré de darme cuenta de qué es lo que has venido a decirme, qué me ha molestado e intentaré tomar medidas de la forma más calmada que pueda.

Gracias por tu ayuda, enfado.

Ahora escríbele tú una carta a tu enfado basándote en la anterior. Requisitos:

- Dile a tu enfado cómo te hace sentir y lo harto que estás.
- Intenta empatizar con él y darte cuenta de por qué aparece.
- Date cuenta de que estáis en el mismo equipo, que su función es protegerte y agradécele lo que hace por ti.
- Hazle ver que a partir de ahora no le vas a dejar mandar en tu vida.
- No te dejes para después y comienza a escribirla ya, tal vez te ayude.

Querido enfado:

Me haces sentir...

Normalmente apareces en momentos en los que...

Creo que vienes porque me intentas decir que...

Si no fuera por ti...

A partir de ahora voy a intentar...

Ejercicio 10.

Wakame

Este es un ejercicio para entrenar la flexibilidad mental en el día a día.

El wakame es un alga marina originaria de Japón y Corea. Un alga en el mar es resistente porque se adapta flexiblemente a las corrientes. A los humanos la flexibilidad también nos ayuda a adaptarnos a situaciones cambiantes y a ser más resistentes. La flexibilidad se puede entrenar, por ejemplo, haciendo las cosas de forma distinta a como solemos hacerlas o haciendo cosas que no haríamos. Cuando hacemos esto le demostramos a nuestro cerebro que también estamos bien cuando no controlamos las cosas y que no necesitamos que las cosas sean de una manera concreta para estar bien, lo cual a su vez nos ayuda a enfadarnos menos.

Te dejo una lista de ideas que puedes hacer para entrenar tu flexibilidad mental:

- Pide en un restaurante la opción del menú que menos te apetezca (pero que también te guste, no hace falta torturarse).
- Si te duchas por la mañana, dúchate por la noche y viceversa.
- Haz algo entre semana que normalmente harías el fin de semana y viceversa (pero sin que te despidan del trabajo, por favor).
- Conoce gente nueva, habla con gente que no conoces.
- Ponte ropa que normalmente no te pondrías, sin llegar a sentirte incómodo.
- Cambia la forma de ir al trabajo o el recorrido si te resulta posible (si vas andando, cambia de acera o ve por otra calle).

- Busca aficiones nuevas, como bailar, ir a clases de canto, nuevo deporte, etc.
- Cambia algún plan con tus amigos.
- Duerme en un lado distinto de la cama.
- Adopta un gato (después de que te despierte a las tantas y de que rompa cositas, te vuelves flexible o mueres).

Ahora coge tu calendario del móvil o agenda y comprométete contigo mismo a hacer al menos una a la semana. Si flexible quieres ser, cambios en tu vida deberás hacer.

RESUMEN DEL CAPÍTULO

- **Si quieres ser independiente, pasa tiempo contigo, conócete, exprésate y acepta tus mierdas. Si alguien quiere acompañarte sin salpicarte con las suyas, que sea bienvenido.**

- **Tienes derecho a poner límites y a mandar a cagar a cualquiera que los sobrepase.**

- **Si dejas de hacer tu vida en torno a tu pareja y te centras en ti mismo, tal vez descubras que tiene mucha suerte de estar contigo y deja de preocuparte la idea de que te engañe.**

- **Si identificas las necesidades que otros están cubriendo por ti y las sanas, será más difícil que te atraigan personas con las que tener relaciones difíciles.**

- **Todos podemos tener un mal día, pero eso no te da derecho a hacer daño con tu enfado. Tú eres responsable de tus emociones y eres capaz de aprender a gestionarlas de forma sana.**

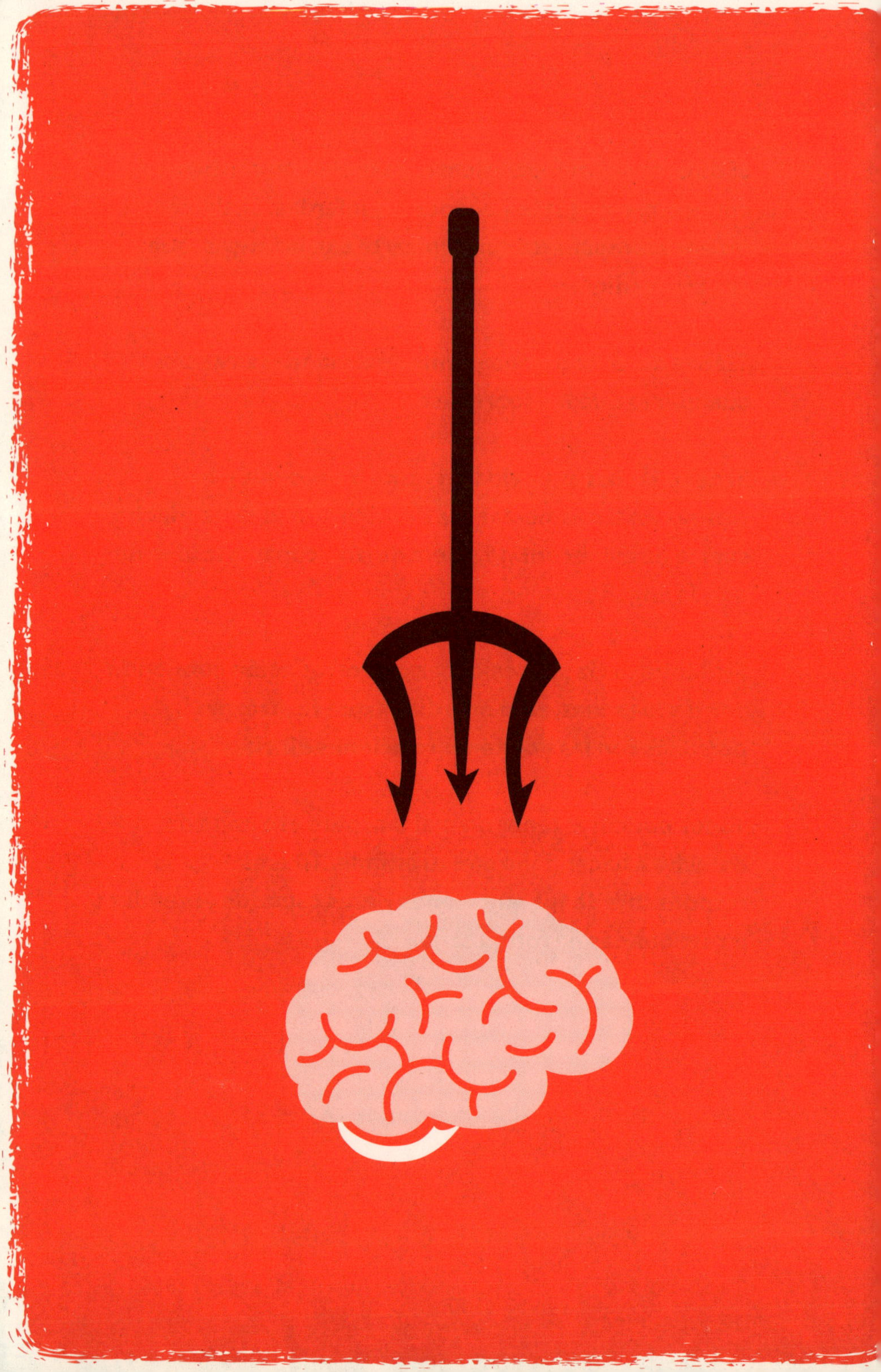

3.

YO conmigo mismo

No hay nada más chungo que llevarnos mal con nosotros mismos, porque de nosotros mismos no podemos huir.

> Entre que reprimo mis emociones, que evito las situaciones incómodas y que no reconozco mis mierdas, el milagro es que sepa qué coño me pasa.

En el capítulo anterior expliqué que las relaciones son como un baile y que los pasos los aprendemos de nuestros padres, sociedad, cultura, iguales, etc. Pues con nosotros mismos también nos relacionamos como si bailáramos; y esa forma de bailar también está afectada por cómo todas esas influencias bailaron con nosotros cuando estábamos creando nuestra idea de nosotros y de cómo deben ser las relaciones.

Si tenemos la mala suerte de haber crecido en un contexto en el que nos chafaron los pies al bailar o vimos que nuestros cuidadores se los chafaron a sí mismos, es normal que hayamos aprendido que bailar con nosotros consista en aplastarnos los pies.

Esta «chafada» de pies puede consistir en hablarnos mal, en no cuidarnos, en no expresar nuestras emociones, en no poner límites, en tomar drogas, en autolesionarnos, etc. Lo que tienen en común es que son acciones que nos hacen daño y que podemos aprender a dejar de hacerlas. Por suerte, todos podemos reaprender a bailar, pero para eso tenemos que ser conscientes de nuestras «chafadas» de pie y de que hay una forma más sana de bailar con nosotros mismos.

En este capítulo encontrarás otros cinco apartados con ejemplos de casos en los que los personajes necesitan ver las cosas de otra forma. En estos apartados parto de una situación ficticia con un problema y analizo y discuto las posibles causas de ese problema.

Al final de cada apartado te planteo varios ejercicios que podrían ayudarte a llevar mejor ese problema. En ellos te planteo ideas como escribir cartas, hacer listas para leerlas a diario, tablas para cuestionar tus pensamientos, etc.

Antes de los ejercicios puedes encontrar un breve test. Como en el Capítulo 2, sin validez científica, pero que te puede dar pistas del tipo de relación que tienes con ese problema.

Vamos a ver por qué coño nos pasa lo que nos pasa con nosotros mismos.

LA HORMIGONERA

—Yo siempre pienso que va a pasar algo malo y así, si ocurre, no sufro tanto.
—Claro, pensar en lo malo debe hacerte muy feliz.

Samuel es un hombre de cincuenta años. Lleva quince trabajando en un taller como mecánico de coches del cual ahora es el jefe. Tiene mujer y dos hijos adolescentes. Es una persona muy organizada y le gusta tener todo bajo control. Se puede decir que es una persona bien preparada para el futuro, ya que pasa los días siempre imaginando todas las posibles desgracias que podrían ocurrirle. Tiene incluso varios planes pensados en caso de que el negocio fallara —a pesar de que cada vez tiene más clientes—. En su afán por controlar el incontrolable futuro, a Samuel no se le ocurre por qué no puede dejar de pensar.

Pobre Samuel. ¿Has intentado controlar alguna vez el futuro? Nuestro cerebro quiere que sobrevivamos y para ello necesitamos ser capaces de predecir lo que creemos que nos puede pasar.

¿Te acuerdas de que el cerebro primero predice lo que cree que te va a pasar, luego lo contrasta con la realidad y, por último, se cree lo que le da la gana? Pues Samuel es un experto en predecir desgracias y creérselas; de hecho, si viviera en la selva huyendo de depredadores, seguramente sería el primero en sobrevivir... Pero Samuel es mecánico de coches y muchas de las desgracias que imagina que pueden ocurrirle son poco o nada probables.

> ¿Cómo puede ser que no adivines el futuro con la de tiempo que pasas allí?

Si a esto le añadimos que pensar en esas desgracias mantiene a Samuel en un estado de alerta desagradable e innecesario, queda claro que tenemos que salvar al pobre de su propia mente.

Vale que el cerebro nos quiera proteger y todo eso, pero ¿lo de crear pensamientos catastróficos de la nada y hacernos creer que nos pueden ocurrir no es un poco de «mal cerebro»? A veces me imagino al cerebro sentado, comiendo palomitas y riéndose de nosotros mientras nos ve peleando con las mierdas que nos hace imaginar. Menos mal que no quiere jodernos la vida...

Samuel no quiere estar siempre preocupado, pero siente que no lo puede evitar. Una vez entra en el bucle de desgracias no sabe cómo parar.

> Hola, soy tu mente y te aseguro que el único poder que tengo sobre ti es la atención que me das a todas horas.

A ninguno nos gusta tener pensamientos que nos hacen sentir mal, y es normal que, si los pensamos, nos asustemos, tratemos de bloquearlos o hagamos acciones para evitarlos. Pero me imagino que a estas alturas ya te habrás dado cuenta de que no se puede dejar de pensar.

¿Te acuerdas de lo que comenté en el primer capítulo sobre cómo gestionar nuestras mierdas? Pues ni los pensamientos son malos en sí, ni nuestro cerebro tiene como objetivo hundirnos la vida. Aquí el problema es que —sin ser tú consciente— cuando tratas de no pensar algo, lo que estás haciendo es darle importancia y multiplicar las posibilidades de que ese pensamiento se repita en el futuro.

¿Qué suele haber detrás de no poder dejar de pensar? En el caso de Samuel hay:

- Sobreestimación de las posibilidades de que le ocurra una desgracia.
- Mucha carga de trabajo y estrés.
- Mala relación con sus pensamientos.
- Prevención de desgracias improbables.

Vamos a profundizar en estos puntos.

Sobreestimación de las posibilidades de que le ocurra una desgracia

> Si la realidad fuera lo que tus pensamientos te dicen, ya te habrías muerto muchas veces.

Si tiendes a preocuparte por el futuro, no estás loco, tienes un cerebro que funciona perfectamente para tu supervivencia. El problema es cuando esta preocupación no nos suma nada y solo nos resta. A veces en la vida nos pasan cosas que hacen que veamos mucho más probable que ocurran ciertas desgracias o, simplemente, tenemos una tendencia a preocuparnos de más que nos viene de nuestra bendita familia.

Es normal que algunas cosas nos preocupen en nuestro día a día, pero vivir secuestrados por la preocupación no es un modo de vida práctico ni apetecible. Lo más útil sería poder tener la energía necesaria para ocuparnos de las cosas que nos conciernen a diario y dejar al margen las preocupaciones futuras que nos consumen y solo nos dan malestar.

Aquí invitaríamos a Samuel a informarse y conocer las verdaderas probabilidades de que ocurra eso que le aterra. Tal vez averiguar bien la información y ver lo poco probable que es le ayude a verlo con perspectiva y a darle menos importancia a su preocupación para gestionarla mejor.

Mucha carga de trabajo y estrés

Igual si lo intentas con todas tus fuerzas consigues la mejor ansiedad de todas.

El estrés surge cuando una persona siente que no llega a lo que se espera de ella, ya sea porque percibe las demandas del ambiente muy altas, porque percibe sus propios recursos como insuficientes o por ambas. Cuando esta situación se prolonga puede acabar desembocando en ansiedad o contribuir a mantenerla. Las personas como Samuel, que tienen su propio negocio, una familia a su cargo y poco o nada de tiempo para sí mismas suelen tener un estrés como la copa de un pino.

Aquí podríamos valorar si se ajusta a la realidad la forma que tiene Samuel de percibir lo que se espera de él y los recursos que tiene para afrontarlo. Si descubriéramos que no, podríamos intentar trabajar para cambiar esa idea haciéndole valorar más sus recursos y enseñándole a poner límites en el trabajo si siente que no llega a todo. También le podría venir genial hacer alguna actividad que le ayudase a relajarse o a liberar tensión como válvula de escape. Por ejemplo: salir más con amigos, hacer deporte o realizar alguna nueva afición.

Mala relación con sus pensamientos

> Hasta los pensamientos más monstruosos pueden convertirse en gatitos si cambiamos el foco.

Hay una frase que repito mucho en consulta: «Los pensamientos son como los pájaros. Si les das de comer, vienen más». A veces no podemos elegir lo que pensamos, pero sí tenemos más control sobre los pensamientos del que creemos.

¿Qué significa dar de comer a los pensamientos? Ante un pensamiento podemos hacer dos cosas: atenderlo o ignorarlo. Adivina cuál de las dos opciones hace que el pensamiento se repita. Adivinaste bien; si lo atendemos, el pensamiento se repetirá, y si lo ignoramos, cada vez aparecerá menos veces. Qué fácil, ¿no? ¿Por qué no se nos ha ocurrido antes? Pues porque estamos tan fusionados con nuestra mente que ni siquiera somos conscientes de que lo que nos pasa por la cabeza no es la realidad.

A mí me gusta explicar a mis pacientes la metáfora siguiente: un niño pequeño pide insistentemente a sus padres algodón de azúcar en la feria y ellos no se lo quieren dar. En este ejemplo el niño es tu mente, el padre o la madre eres tú y el algodón de azúcar es tu atención. El niño —tu mente— te pedirá azúcar —atención— porque siempre se lo has dado, pero en cuanto dejes de dárselo irá poco a poco pidiéndote cada vez menos hasta que te deje de dar por saco.

Hemos hecho a nuestra mente diabética de tanta atención que le hemos dado a toda hora... Creo que ya es hora de ver cómo podemos dejar de ser sus esclavos, ¿no crees?

Si le preguntáramos al pobre Samuel si le está dando atención a su mente, él nos contestaría que no, que simplemente intenta no pensar. ¿Te pasa esto? Tal vez no seamos conscientes, pero cuando intentamos no pensar, en realidad le estamos dando algodón de azúcar a nuestra mente y haciendo que nuestros pensamientos vuelvan en bucle. De alguna manera, el cerebro interpreta que, si algo nos hace sentir tan mal como para bloquearlo, es porque es algo importante y urge gestionarlo cuanto antes. Por eso el cerebro nos lo trae hasta en la sopa.

Samuel no es consciente, pero la mayor parte del tiempo de su vida lo pasa dentro de su cabeza. Los pensamientos son información que la mente crea, pero no es más que eso. Pensar algo no lo convierte en realidad; si fuera así, ya nos habría tocado a todos la lotería. Visto así es más sencillo «separarnos» de lo que pensamos, cuestionarlo y no creerlo.

Los pensamientos vuelven a nuestra mente una y otra vez porque nos peleamos con ellos. Si aprendemos a ignorarlos y no les damos tanto valor, nos irán dejando más tranquilos.

Aquí le enseñaríamos a Samuel a reconocer sus pensamientos sin darles tanta importancia ni confundirlos con la realidad y le enseñaríamos a aceptarlos como simple información que pasa por su cabeza sin ningún poder sobre él.

Prevención de desgracias improbables

> Si tu miedo te pide que hagas algo y lo haces, adivina quién se hace más fuerte.

A veces hacemos cosas pensando que nos estamos preparando para algo o protegiendo de algo, pero no somos conscientes de que a la vez estamos alimentando el miedo y haciéndolo más grande.

Cualquier acción motivada por un pensamiento lo alimenta y le da poder. ¿Es malo tener planes de acción para prevenir desgracias? No es que sea malo, es que, si las desgracias son poco probables, no resulta útil y hace que sea más factible tener pensamientos de este tipo en el futuro. Esa energía que ha gastado Samuel en prevenir problemas imaginarios podría haberla invertido en algo más útil o que le hiciera sentir mejor.

Estaría bien que Samuel considerara algunas posibilidades en el futuro, pero siendo capaz de vivir una vida tranquila y relajada, teniendo en cuenta que no tiene una bola de cristal y no puede saber lo que pasará.

También podríamos hacerle ver que nunca ha estado preparado para ciertas cosas que le han pasado en la vida y, sin embargo, ha sido capaz de gestionarlas. Sería genial que viera que cuando no está controlando todo ni pensando en el futuro también está a salvo y que pudiera ir poco a poco dejando de hacer acciones para protegerse y vivir de una vez.

Aquí van algunas ideas para llevarte mejor con tus pensamientos:

- Lee libros y ve películas en las que se trate los pensamientos como información que no es la realidad.
- Infórmate y lee en fuentes fiables sobre las posibilidades reales de que ocurran aquellas cosas que te dan miedo.
- Trata de tener un espacio de tiempo al día para relajarte y liberar tensiones, haciendo algo que te gusta o alguna técnica de relajación. (Este punto está más desarrollado en el epígrafe «Ejercicio 1. Respira»).
- Invierte unos cinco minutos a diario en entrenar tu mente prestando atención a tus sensaciones corporales o a los sonidos que te envuelven. (Este punto está más desarrollado en el epígrafe «Ejercicio 2. No eres tus pensamientos»).
- Cada vez que tengas un pensamiento que te haga sufrir, recuérdate que es solo un pensamiento y no es la realidad.
- Si aparecen pensamientos «difíciles», intenta permitirte sentirlos, sin huir de la situación (en la medida de lo posible) mientras te tratas a ti mismo de forma amable.
- Si cuando piensas algo tus sensaciones se vuelven muy intensas y sientes que no lo puedes manejar, desvía tu atención a algo de tu entorno próximo (puedes atender a los colores que te envuelven, sonidos, texturas, jugar a juegos de móvil, hablar de otro tema, etc.).

Test para saber cómo te llevas con tus pensamientos

1. **Me paso los días pensando en desgracias que no tendrían por qué ocurrirme a mí o a los míos:**

   Sí ☐ **No** ☐

2. **Siento que en el trabajo no llego a lo que se espera de mí por muchas horas que le dedique:**

   Sí ☐ **No** ☐

3. **He intentado no pensar y solo consigo pensar más y acabar en un bucle:**

   Sí ☐ **No** ☐

4. **Tengo varios planes "B" preparados por si acaso ocurre alguna desgracia:**

   Sí ☐ **No** ☐

5. **Sufro a causa de mis pensamientos:**

   Sí ☐ **No** ☐

Autocorrección

1. **Si has respondido a todas que no, te llevas bien con tus pensamientos.**
2. **Si has respondido sí a dos o menos, te llevas medio bien con tus pensamientos.**
3. **Si has respondido a tres que sí, te llevas regulinchi con tus pensamientos.**
4. **Si has respondido a cuatro o más que sí, te llevas de pena con tus pensamientos.**

Ejercicio 1.
Respira

¡Eh! ¡No pases de largo! Igual piensas que esto no es para ti, que lo has intentado muchas veces y estas cosas solo te ponen más nervioso.

Normalmente la relajación se vuelve muy frustrante cuando tenemos tanta ansia por relajarnos que acabamos consiguiendo lo contrario —y con razón—. Te propongo que, aunque sea solo por hoy mandes a la mierda tus prejuicios —si los tienes— y lo intentes de esta forma. Necesitas:

- Un lugar tranquilo sin distracciones.
- Espacio para sentarte o tumbarte.
- Si quieres, algún objeto para ponerte encima de la tripa (yo uso libros).

Vamos allá:

- Comienza tumbado o sentado en un sitio tranquilo, sitúa un par de libros encima de tu tripa y cierra los ojos.
- Ahora deja que salga todo el aire y nota cómo los libros bajan.
- Intenta no hacer ningún esfuerzo por respirar, deja que el aire entre solo en tu cuerpo y siente cómo los libros se elevan ligeramente (tranquilo, que el aire entrará, nadie se ahoga voluntariamente).
- De nuevo, deja que el aire salga por sí solo mientras sientes cómo los libros bajan.

No tienes que hacer nada más, igual te ayuda:

- Intenta no forzar la respiración; si lo haces, no te vas a relajar.
- Deja de pensar si lo estás haciendo mal o bien, que esto no es un examen, lo único que tienes que hacer es sentir.
- Mientras inhalas y exhalas también puedes atender a tus sensaciones corporales en la espalda, las piernas y los pies.
- Puedes simplemente dedicar unos minutos a sentir tu respiración en tu cuerpo, aunque no uses libros y conseguir el mismo efecto.

Ejercicio 2.

No eres tus pensamientos

Ahora necesito que confíes en mí. Sigue estos pasos:

- Encuentra un lugar tranquilo en el que no vayas a tener distracciones (pon el móvil en modo avión).
- Elige algo a lo que atender que esté pasando aquí y ahora: tus sensaciones corporales, sonidos que te envuelven, olores...
- Cierra los ojos e intenta prestar atención a uno de esos estímulos, como si fueras un extraterrestre que siente eso por primera vez.
- Trata de no juzgar lo que sientes, solo sentir momento a momento lo que escuchas, tus sensaciones corporales, etc.
- Te vas a distraer con pensamientos unas doscientas veces, eso es porque eres humano y es normal. Cuando te des cuenta de que estás pensando (hayan pasado 20 segundos o 1 minuto) vuelve a centrarte en sensaciones o sonidos (ahí es cuando cortas el cordón umbilical con la mente).
- Un ejemplo podría ser esto: cierro los ojos, oigo un coche, oigo personas hablando, oigo un perro, me acuerdo de que tengo que comprar patatas, me doy cuenta de que estoy pensando y vuelvo a centrarme en sonidos, escucho personas hablando, pájaros cantando, etc.

¡Vaya tontería! ¿No? ¿Y esto cómo va a hacer que deje de rayarme? Pues cada vez que te das cuenta de que estás pensando y decides conscientemente no atender a ese pensamiento y atender al aquí y ahora estás dejando a la mente en leído.

Si practicas este ejercicio una vez o dos, no vas a notar nada —porque sigues alimentando pensamientos todo el día—, pero si entrenas esto a diario, aunque sean cinco o diez minutos, te puede llegar a dar el superpoder de ver tus pensamientos como lo que son: simple información, no algo que te esclaviza.

No te lo había dicho aún porque algunas etiquetas están muy mal entendidas, pero tal y como tal vez estés pensando, este es un ejercicio de *mindfulness* o meditación cuyo objetivo es tomar distancia de tus pensamientos.

AGUJERO NEGRO

La felicidad es como el agua caliente de la ducha. No te enteras de cuando está, pero cómo jode cuando no está.

Diana tiene veinticuatro años, acaba de terminar la carrera y vive con sus padres y su hermano pequeño. El último año, cuando hizo las prácticas, se dio cuenta de que en realidad nunca le había gustado su carrera y de que no quería pasarse su vida dedicándose a ello. Desde que llegó a esta conclusión, Diana se pasa los días tumbada en el sofá sin hacer nada y sin querer ver a nadie, dándole vueltas al pasado y culpabilizándose por ello. Se siente apática, desmotivada y triste. Lleva un año así y sus familiares están desesperados y no saben cómo ayudarla. A ella le gustaría pasar página, encontrar un nuevo rumbo para su vida y tener más ganas de hacer cosas, pero siente que no puede, que su cerebro no le deja.

Podemos estar tristes por putadas, desajustes hormonales, pensamientos, etc. En mi experiencia, lo único que he visto que ayuda a ser feliz es llevarnos lo mejor posible con nuestra tristeza cuando aparece y con las sensaciones y pensamientos que nos provoca. Las cosas malas ocurren y a veces lo único que podemos hacer es intentar llevarlo lo mejor posible.

No todo es tu actitud, vivir en un contexto de mierda también te afecta.

Me revienta cuando hay quien dice que todo es actitud y que las personas están tristes por su culpa, sin tener en cuenta que hay personas a las que han violado, han maltratado o tienen tres trabajos para poder llegar a final de mes. Nadie está jodido aposta, siempre hay un contexto y todas las personas del mundo nos merecemos que nuestras emociones sean validadas y que no nos hagan sentir como una mierda por ellas. Dicho esto, vamos a ver primero qué es la felicidad.

La felicidad es ese sentimiento tan perseguido por nosotros y que casi siempre suele durar menos de lo que queremos. La felicidad, igual que todo, depende de nuestras creencias y de la película que nos contamos, pero también depende de nuestro contexto, de las guarradas que nos hayan pasado y de nuestros genes. Tal vez la felicidad para ti sea comer croquetas, pasar tiempo con tus seres queridos o conseguir llegar a final de mes. La felicidad es un estado de bienestar subjetivo y cada uno lo puede definir de distinta manera.

Tener nuestras necesidades básicas satisfechas está muy relacionado con la felicidad que sentimos. Por ejemplo, es normal que estemos más felices o satisfechos después de comer o dormir bien o sin dolores —y es normal que nadie nos aguante si no es así—. También es normal que las personas que tienen una casa donde vivir y comida para poder subsistir sean más felices que las que no... Lógico, ¿verdad?

Además de cuando satisfacemos nuestras necesidades básicas, también podemos sentir felicidad cuando nuestras necesidades afectivas están cubiertas. Por ejemplo, las personas que tienen relaciones con otras en sus grupos de amigos, trabajo o familia en las que se sienten seguros, queridos e importantes suelen sentirse más felices que las que no.

También se pueden sentir más felices las personas que tienen objetivos realistas y realizables, las que son coherentes con sus valores, las que se ven válidas a sí mismas, las que contribuyen a mejorar la vida de otros y las que le encuentran un sentido a su vida, por poner algunos ejemplos.

Todo lo nombrado antes y algunas más pueden ser causa de felicidad si la persona cree que lo tiene o causa de infelicidad si cree que no lo tiene o siente que lo ha perdido.

¿Qué suele haber detrás de la tristeza? En el caso de Diana hay:

- **Una pérdida.**
- **Mala relación con la tristeza.**
- **Inactividad.**
- **Anclaje al pasado.**

Vamos a desglosar esto.

Una pérdida

> Hola, soy tu tristeza. Aparezco cuando sientes que has perdido algo importante para ti y mi objetivo es hacerte parar para que puedas gestionarlo.

Sentir que perdemos algo importante casi siempre es difícil de asimilar y necesitamos dedicarle un tiempo para gestionarlo. La tristeza, como vimos en el primer capítulo, tiene como objetivo que paremos para sanar el dolor que nos ha causado una pérdida. Hace que queramos aislarnos, lo cual es biológicamente útil porque nos ayuda a ahorrar energía.

No todas las pérdidas son materiales, podemos sentir que perdemos relaciones —cuando perdemos a un amigo o una pareja— o también que perdemos partes de nuestra propia identidad.

Diana se siente desorientada en la vida. ¿Te acuerdas de que en el primer capítulo te conté que el cerebro nos cuenta una película sobre quiénes somos? Pues la pérdida que siente Diana es jodida porque siente que ha perdido una parte de su identidad.

Las personas necesitamos sentir que tenemos un rumbo y que nuestra vida tiene un sentido, pero hacer de ello todo nuestro mundo puede ser peligroso. Es lo mismo que las personas que creen que su pareja les da sentido a su vida y luego sienten que lo pierden todo si se acaba la relación, ¿te ha pasado?

Todos los seres humamos somos mucho más que nuestra identidad profesional. Somos amigos, somos hijos, somos pareja —o no—, somos profesionales, somos lo que hacemos en nuestro ocio, etc. Nuestra identidad no solo depende de a qué nos dedicamos, somos un conjunto de muchas cosas.

Aquí trabajaríamos con Diana para descubrir esas otras identidades suyas en las que se puede apoyar mientras se permite sentir el dolor de haber perdido su identidad profesional.

En cuanto a su pérdida, podríamos acompañarle en el proceso de duelo para que pudiera aceptar lo que ha pasado. Con el tiempo podríamos ayudarle a ver la importancia que para ella tiene su futuro y a crear desde cero una nueva identidad profesional, siendo consciente esta vez de que solo es una imagen con la que se identifica y que no la define ni la necesita para ser feliz.

Mala relación con la tristeza

> Enfadarte con una emoción difícil es como enfadarte con el cartero porque te trae malas noticias.

Necesitamos permitirnos estar tristes.

Si cuando perdemos algo en vez de permitirnos sentirlo y ser amables hacia nuestro dolor, le damos vueltas al pasado y nos machacamos por lo que hicimos, es muy probable que lo gestionemos malamente y que la tristeza no se vaya, aunque pase mucho tiempo. Esto es justo lo que le ha ocurrido a Diana.

No es que nuestra tristeza nos quiera hacer la vida imposible, es que la estamos gestionando regulinchi y se enquista.

Normalmente a casi nadie le gusta estar triste. Hemos oído tantas veces que tenemos que sonreír, aunque estemos mal, que de alguna manera nos hemos hecho expertos en reprimirla y no sabemos gestionarla de forma sana. El tema es que por mucho que reprimamos lo que sentimos si algo necesita nuestra atención, el cerebro nos lo va a hacer notar sí o sí. Así que el camino más corto para estar bien va a ser siempre mirar hacia dentro y dejarnos sentir las cosas. Problema: ¿cómo narices nos dejamos sentir algo de lo que llevamos huyendo meses? Pues cambiando el chip de una vez: colgando la capa de Superman, aceptando nuestra vulnerabilidad y transformándonos en un bicho bola mientras expresamos lo que sentimos sin juzgarnos ni maltratarnos.

Para trabajar esto con Diana, le enseñaríamos a reconocer y permitirse sentir sus sensaciones de tristeza, le enseñaríamos a aceptarla, a expresarla y a indagar en las posibles necesidades que hayan despertado esa tristeza. Si fuera preciso, se valoraría la posibilidad de cubrirlas por ella misma o buscando apoyos saludables.

Inactividad

> No tienes la culpa de estar triste, pero si está en tu mano hacer algo para dejar de estarlo y no lo haces, seguirás estando triste.

La tristeza paraliza, y si se sale con la suya, consigue que no hagamos nada. Cuando no la gestionamos bien en ocasiones se queda con nosotros el tiempo suficiente como para absorbernos la voluntad y hasta las ganas de vivir. Al estar poseídos por la tristeza es prácticamente imposible que nos apetezca hacer algo que nos pueda animar, lo cual a su vez mantiene la tristeza y hace que todavía se fusione más con nosotros. Hacer cualquier cosa en casa, salir con amigos, conseguir algún pequeño reto, etc., son cosas que nos suelen hacer sentir placer —por mínimo que sea— y negarnos a todas ellas nos quita cualquier posibilidad de sentirlo.

La tristeza mal gestionada es como un agujero negro que lo absorbe todo a nuestro alrededor y nos hace ver el mundo de color gris alejándonos de lo que nos podría volver a hacer sentir alegría —como los dementores de *Harry Potter*, que son criaturas que se alimentan de la felicidad y los recuerdos bonitos de otros seres—. Podemos llegar a identificarnos tanto con la tristeza que hasta nos enfade que otros nos intenten animar.

Es como si quisiéramos estar tristes. El problema es que en realidad no queremos, y si nadie nos hace ver más allá de nuestra tristeza, nos podemos pasar ahí la vida. Por eso, el primer paso para ver algo de luz al final del túnel es comenzar a hacer cosas, aunque no nos apetezca. Igual te parece que esto es forzarnos a nosotros mismos y efectivamente así es, pero es que, si te sientes así, no te va a apetecer hacer nada que te anime, recuerda que estás poseído por la tristeza.

Aquí podríamos hacer junto a Diana un horario o planificación de tareas agradables para ella —poquitas al principio— para garantizar que haga un mínimo al día. La idea es que estuviera de acuerdo y se comprometiera a cumplirlo para ir poco a poco pudiendo sentir más placer en su día a día y motivación para hacer cosas.

Anclaje al pasado

> Todos necesitamos nuestros tiempos para gestionar nuestras cosas, pero vivir en el pasado no ayuda a nadie a estar mejor.

Ya vimos en el primer capítulo que el cerebro necesita el pasado para poder predecir lo que nos va a ocurrir —para nuestra supervivencia— y más allá de eso también nos sirve para tener una identidad, una historia que explique por qué somos como somos.

El pasado se queda almacenado en el cerebro en forma de recuerdos, pero los recuerdos no son inalterables; de hecho, son muy alterables. Cada vez que accedemos a uno de forma inconsciente lo modificamos y se vuelve a guardar en nuestra mente tal y como lo hemos retocado. Es decir, no tenemos un pensadero —como Dumbledore en el que introducir nuestros recuerdos y que permanezcan inalterables pase el tiempo que pase—. Nuestros recuerdos y nuestro pasado no son tan fiables como pensamos.

Esto no significa que lo que recordamos de nuestra vida no nos haya sucedido, pero es interesante tener en cuenta que las cosas tal vez no sean cien por cien como las rememoramos porque eso puede ayudarnos a relativizar cuando a veces nos obsesionamos con el pasado como le pasa a Diana.

En este punto le haríamos ver a Diana que con las herramientas que tenía no pudo hacerlo mejor, que su «yo del pasado» no tenía la misma información que su «yo actual» y que todos somos humanos y nos equivocamos. También le explicaríamos que el ayer al que no deja de darle vueltas no es real, y que seguir haciendo eso solo le hace sentir mal y le convierte en esclava. Por último, le enseñaríamos a prestar más atención al momento presente y a soltar pensamientos relacionados con lo que pasó.

Aquí van algunas ideas para gestionar mejor la tristeza:

- **Trata de ver tu identidad de amigo, pareja, hijo, profesional, etc., como imágenes tuyas que te ayudan a entender cómo eres, pero que no te definen ni las necesitas.**
- **Cuando te sientas preparado y te apetezca hacerlo, escríbele una carta de despedida a lo que sientes que has perdido para que te ayude a dejarlo ir.**
- **Escríbele una carta a tu tristeza para cambiar la forma de relacionarte con ella. (Este punto está más desarrollado en el epígrafe «Ejercicio 3. Ya no mandas»).**

- Si sientes tristeza, trata de aceptar, validar, permitir y expresar tu emoción de la forma más amable que puedas. (Este punto está más desarrollado en el epígrafe «Ejercicio 4. Oreo»).
- Haz un horario semanal con actividades placenteras para comprometerte a cumplir un mínimo de ellas con las que te sientas bien y a poder ser, ve poco a poco aumentándolas.
- Procura tratarte bien a ti mismo y dejar de culparte por algo que ya no puedes cambiar.
- Haz actividades que te obliguen a mantener tu mente en el presente. Por ejemplo: deporte, manualidades, pintura, dibujo, etc. Cuanto más tiempo pases en el presente menos pensarás en el pasado.

Test para saber cómo te llevas con tu tristeza

1. **Siento que he perdido algo que era importante para mí y no lo he asimilado:**

   Sí ☐ **No** ☐

2. **No me permito sentirme triste, me parece un signo de vulnerabilidad y trato de ocultarlo:**

   Sí ☐ **No** ☐

3. **Cuando estoy triste me puedo pasar días en la cama sin energía para hacer nada:**

   Sí ☐ **No** ☐

4. **Mi mente pasa más tiempo en el pasado que en el aquí y ahora:**

   Sí ☐ **No** ☐

5. **Me cuesta disfrutar de las pequeñas cosas de la vida:**

   Sí ☐ **No** ☐

Autocorrección

1. **Si has respondido a todas que no, te llevas bien con tu tristeza.**
2. **Si has respondido sí a dos o menos, te llevas medio bien con tu tristeza.**
3. **Si has respondido a tres que sí, te llevas regulinchi con tu tristeza.**
4. **Si has respondido a cuatro o más que sí, te llevas de pena con tu tristeza.**

Ejercicio 3.
Ya no mandas

Lee este ejemplo de carta para cambiar la relación con la tristeza.

Querida tristeza:

Eres mi emoción más incomprendida. Desde pequeño me enseñaron que no debía expresarte porque «supuestamente» había algo malo en ti, por lo que aprendí a reprimirte tan bien que ahora no sé ni cómo sentirte.

Has estado muchas veces presente en mi vida, algunas de ellas largas temporadas en las que solo me apetecía comer y dormir. He dejado de salir con amigos, de hacer cosas que me gustan y he llegado incluso a faltar al trabajo por ti.

Cuando vienes logras convencerme de que nada vale la pena. Es como si mancharas el cristal de las gafas a través de las cuales veo el mundo y todo lo que observo a través de ti se volviera mucho más feo —como el «Upside down» de *Stranger Things*—.

Me ha costado años reconocer que tu presencia se debe a que algo dentro de mí no está bien. Ahora me he dado cuenta de que vienes porque siento que he perdido algo importante para mí y que me ayudas a conservar la energía que necesito mientras gestiono el dolor que esa pérdida me ha causado.

Es duro sentirte, pero si no te permito estar conmigo acabas tomando las riendas de mi vida y entonces sí que no avanzamos. Por eso, te quiero decir que a partir de ahora voy a intentar permitirte estar conmigo sin evitarte. Tal vez al principio sea difícil, pero creo que si nos vamos tolerando cada vez más, podríamos llegar a ser buenos amigos.

Si fuéramos amigos podrías acompañarme solo cuando fuera necesario para ayudarme a ahorrar energía mientras sano mis heridas. Yo por mi parte voy a intentar que nos llevemos bien.

Gracias por tu ayuda, tristeza.

Ahora escríbele tú una carta a tu tristeza basándote en la anterior. Requisitos:

- **Dile a tu tristeza cómo te hace sentir y lo harto que estás.**
- **Intenta empatizar con ella y darte cuenta de por qué aparece.**
- **Entiende que estáis en el mismo equipo, que su función es protegerte y agradécele lo que hace por ti.**
- **Hazle ver que a partir de ahora no le vas a dejar mandar en tu vida.**
- **No te dejes para después y comienza a escribirla ya, tal vez te ayude.**

Querida tristeza:

Me haces sentir...

____

____

____

____

____

____

Normalmente apareces en momentos en los que...

Creo que vienes porque me intentas decir que...

Si no fuera por ti...

A partir de ahora voy a intentar...

Ejercicio 4.

Oreo

Este ejercicio tal vez te ayude a gestionar algo mejor la tristeza, aunque sirve para cualquier emoción difícil. A mí me gusta comparar la gestión de una emoción difícil con el ritual de comerse una galleta Oreo:

Galleta Oreo	Emoción difícil
1. La destapas	1. La observas
2. La chupas	2. La reconoces y la permites
3. La sumerges en leche	3. La sumerges en amabilidad y cariño
4. Te la comes	4. La aceptas y la abrazas

Voy a explicarlo paso a paso:

1. La destapas. Prestas atención a lo que sientes.

En este primer punto la idea es que trates de notar tus propias sensaciones corporales con curiosidad, como si fuera un mensaje que verdaderamente quieres escuchar. ¿Cómo?

- Observa y siente tu cuerpo.
- ¿Notas alguna presión o molestia en algún lugar? ¿Hay alguna zona más caliente que otra?
- Apunta en un folio qué sientes en tu cuerpo en diferentes momentos, conócete.

2. La chupas —la galleta—. Reconoces y permites lo que sientes.

En este segundo punto la idea es que te permitas sentir lo que sea que sientes sin dejarte llevar por tu emoción. ¿Cómo?

- Date cuenta de que tú no eres la emoción que estás sintiendo, sepárate de lo que sientes para poder observarlo y reconocerlo con curiosidad sin que te domine.
- Reflexiona sobre lo que te pide hacer la emoción. ¿Quiere que lo revientes todo o que no salgas de la cama? Apúntalo y permítete sentirlo sin dejarte llevar por ella.
- Cuenta lo que sientes a tus seres queridos o exprésalo de otras formas: escribiendo, pintando, haciendo música, etc., con la idea de afrontar la emoción y dejar de huir de ella.
- Puedes ponerle un nombre si quieres, eso a veces ayuda a reconocerla.

3. La sumerges en leche. Sumerges lo que sientes en amabilidad y cariño.

En este punto la idea es que empieces a hacer las paces con lo que sientes. ¿Cómo?

- **Puede ayudar que te imagines a tu emoción como si fuera tu «yo de cinco años», llorando desconsolado porque necesita que le consuelen.**
- **Háblale a tu emoción como si fuera una amiga, dile que sabes que viene a avisarte de algo importante y que puede ir y venir cuando quiera (ya sé que esto parece una idiotez, pero llevas haciendo lo contrario mucho tiempo y no ha funcionado).**
- **Intenta permitirle a tu emoción estar contigo.**
- **Tal vez puedan calmarte estas palabras en el proceso:**
  «Es normal que me sienta así».
  «Tengo derecho a sentirme así».
  «Cualquier persona que hubiera vivido lo mismo que yo se sentiría igual que yo».

4. Te la comes. Aceptas y abrazas lo que sientes.

Este punto es el más difícil. La idea es que llegues a saber lo que realmente necesita tu emoción de ti y que estés dispuesto a dárselo. ¿Cómo?

- **Aquí puede ayudar imaginarte que abrazas tu emoción (a tu «yo de cinco años») después de consolarla y que te fusionas con ella para ser una nueva versión con la emoción gestionada e integrada.**

- Valora si puedes tomar alguna decisión y cambiar tus circunstancias: darle a esa emoción lo que te está pidiendo a gritos.
- Si sientes rabia, tal vez necesites poner límites; si sientes miedo, tal vez necesites sentir seguridad; y si sientes tristeza, tal vez necesites aceptar una pérdida.
- Intenta ser amable contigo en todo el proceso, este es un ejercicio que no se puede hacer desde la autocrítica o autoexigencia.

BRÚJULA ROTA

Si sigues poniendo «parches» a tus emociones en vez de sentirlas, al final no sabrás ni qué te pasa.

Ruth tiene treinta y dos años y vive con su pareja, Andrés. No tienen hijos. Desde pequeña ha tenido que aprender a cuidar de los demás porque su padre falleció cuando tenía dos años y su madre tuvo una enfermedad que limitaba su movimiento.

Ruth se tuvo que ocupar de todo en su casa desde muy niña, lo cual hizo que aprendiera a priorizar las necesidades de los demás y a ignorar las suyas propias. Ahora, aunque con Andrés es muy feliz y tiene amigos, en su trabajo no se siente bien porque no le gusta lo que hace y cree que le explotan. Le cuesta expresar sus emociones y no sabe qué le gusta ni qué quiere en la vida, solo se ha dejado llevar por lo que pensaba que los demás esperaban de ella.

Ante el estrés del trabajo, lo único que le calma es darse atracones de comida, por lo que siempre que puede come a escondidas sin control. Ruth sospecha que lo que está haciendo muy sano no es, pero no sabe qué le pasa ni cómo cambiarlo.

¿Tú sabes lo que quieres en la vida? Vaya preguntita, ¿no? Creo que es más común estar perdidos que saber qué queremos. ¿Y por qué nos pasa esto? Pues porque nos pasamos la vida mirando hacia fuera y no nos hacemos ni caso. ¿Sabes cuál es la mejor manera de saber qué queremos? Haciendo eso que a la mayoría de nosotros no nos han enseñado a hacer: escuchar nuestras emociones. Decir que no sabemos qué queremos es como decir que no le estamos haciendo ni caso a nuestras emociones. Pero que nadie se sienta mal leyendo esto, que si no venimos enseñados de casa como le pasa a Ruth, nadie nos enseña a gestionar nuestras emociones y no es nuestra culpa. No es nuestra culpa, pero ya tenemos una edad para cambiarlo.

* Tienes una notificación de tus emociones * (Silenciar un año).

Es supercomún estar triste, ponerse una careta y actuar como si no pasara nada o estar enfadado y aguantar mil mierdas sin hacer nada al respecto. ¡Basta! Tu cerebro necesita que te hagas caso de una vez.

¿Te acuerdas de que en el primer capítulo explicaba las emociones básicas: alegría, tristeza, miedo, asco, enfado y sorpresa? Pues ahí te cuento brevemente que cada una de ellas sirve para mandarnos un mensaje. Es la forma que tiene nuestro cerebro para decirnos, por ejemplo, que algo es tóxico —asco—, que hay que huir —miedo— o que se han sobrepasado nuestros límites —enfado—.

Son tan importantes nuestras emociones que cuando se activan las difíciles y no les haces caso puedes llegar a caer enfermo o a necesitar un tiempo para recuperarte —acuérdate de que si el cerebro te quiere hacer sentir algo, lo vas a sentir por narices—.

A mí me gusta comparar las emociones difíciles con los testigos que se encienden en un coche cuando hay algún problema. Esos que si no llevas el coche al taller, igual te deja tirado. ¿Has ignorado alguna vez un testigo rojo de tu vehículo?

Cuando se enciende un testigo de tu coche lo llevas al taller, pero cuando sientes emociones difíciles te pones un tapón en el culo y sigues.

Los seres humanos tenemos una habilidad increíble para ignorar, reprimir o bloquear nuestras emociones. Y es normal. No somos idiotas, nadie elige sentir miedo o tristeza porque sí. Es difícil sentir algo cuando duele, pero es verdad que si no lo sentimos va a seguir doliendo.

¿Qué suele haber detrás de no saber qué queremos? En el caso de Ruth hay:

- Una infancia difícil.
- Falta de autoconocimiento.
- Mala relación con las emociones.
- Uso de la comida como evasión.

Te lo explico un poco mejor.

Una infancia difícil

> Si nadie ha escuchado tus necesidades cuando eras niño, lo normal es que tú no sepas escucharte.

Cuando somos niños necesitamos que nuestros padres nos atiendan, nos escuchen, validen y cubran nuestras necesidades. De esta forma aprendemos que cuando tenemos alguna, podemos expresarla y se puede cubrir.

Cuando tenemos padres que, por la razón que sea, no han podido hacerse cargo de nosotros como le pasó a Ruth, es normal que pensemos que no somos importantes y que no expresemos nuestras necesidades. La pobre Ruth se tuvo que ocupar desde muy pequeña de su madre y eso hizo que sus necesidades pasaran a un segundo plano. Obviamente su madre no tiene la culpa de su enfermedad ni de que Ruth se tuviera que ocupar de ella, pero que pasara eso dejó una marca en cómo Ruth se ve a sí misma y esa idea es la causante de que hoy no exprese sus emociones, no sepa qué quiere y esté en un trabajo que no le gusta.

En este punto trabajaríamos en el entendimiento de su historia de vida y cómo ha condicionado su idea de ella. Le explicaríamos que es totalmente normal que no sepa qué quiere y que priorice a los demás con la vida que ha tenido.

Si fuera posible, trataríamos de conectar a la Ruth actual con la Ruth niña para que pudiera decirle que lo que vivió no fue culpa suya, que se merecía haber sido una niña libre, que siente no haberla escuchado en todo este tiempo y que a partir de ahora se compromete a priorizarse de una vez. La idea es que pudiera conectar con sus propias necesidades y darse cuenta de que no es esclava de su pasado y cambiar la forma de verse a sí misma.

Falta de autoconocimiento

> Necesito subtítulos para entender mis autoengaños.

Cuando somos niños conocemos el mundo a través del juego y del contacto con los iguales y con nuestros cuidadores. Necesitamos interactuar con diferentes personas y distintos roles para aprender qué lugar ocupamos en el mundo y qué se espera de nosotros según las diferentes situaciones —en el hogar, en el cole, en casa de un amigo, etc.—. Gracias a estas interacciones aprendemos sobre nosotros. Nuestro cerebro reacciona a lo que nos pasa con emociones y sensaciones y entonces asimilamos qué juegos nos gustan, qué nos gusta hacer, qué no nos gusta hacer, con qué personas nos gusta jugar más, qué cosas nos dan miedo, etc.

Cuando hemos tenido una infancia difícil en la que nos ha faltado tiempo para desarrollarnos con el juego y las relaciones con otras personas es normal que de adultos sintamos que no nos conocemos y, si a eso le sumas que Ruth aprendió a no expresar sus emociones, el milagro sería que ella supiera qué quiere en la vida.

La Ruth adulta sabe que su trabajo no le gusta y que sus amigos y su pareja sí le gustan, por tanto, sí que sabe un poco lo que quiere. Aquí sería genial profundizar con ella sobre qué aspectos le gustan y no le gustan de su pareja y amigos y qué aspectos le gustan y no le gustan de su trabajo. Para enseñarle a autoconocerse le animaríamos a estar atenta y detectar las sensaciones corporales que le acompañan cuando está en esos lugares, con esas personas, y a ponerle un nombre a lo que está sintiendo, después de explicarle los tipos de emociones que hay y las sensaciones corporales que las acompañan.

También animaríamos a Ruth a hacer actividades o aficiones que nunca hubiera hecho antes, a comer comida que no hubiera comido antes y a ir a sitios donde nunca hubiera estado antes para aprender más sobre ella misma, esta vez dándose el espacio para permitírselo.

Mala relación con las emociones

> Una emoción que no gestionas es como una alarma del móvil que no apagas, va a seguir dando por culo.

Las emociones son simples mensajeras que nos obligan en forma de síntomas a que seamos coherentes de una vez con nosotros mismos. ¿Te acuerdas de lo que expliqué en el primer capítulo sobre cómo gestionar nuestras mierdas? Pues vamos a verlo un poco en profundidad.

Cuando intentamos no sentir una emoción difícil no solo no estamos resolviendo el problema, sino que estamos contribuyendo a hacerlo más grande porque el cerebro interpreta que eso es importante y te lo va a traer hasta en la sopa.

Te pongo un ejemplo. Nunca habías tenido miedo mientras duermes, pero un día nada más meterte en la cama, lo sientes y te preocupas mucho, por lo que intentas relajarte a la fuerza. Al día siguiente tienes miedo de que te vuelva a pasar lo mismo y por no querer sentirlo inconscientemente le estás diciendo al cerebro que eso es importante, por lo que el cerebro —que quiere que sobrevivas y gestiones todas tus mierdas cuanto antes— te acaba provocando esas sensaciones que tanto intentas evitar. En resumen: tratando de evitarlo lo provocas.

A Ruth le ocurre que no sabe cómo gestionar la sensación de malestar en el trabajo. La define como estrés y al intentar ignorarla y reprimirla está contribuyendo a que vuelva una y otra vez.

Aquí podríamos trabajar con ella para que pudiera no solo reconocer sus sensaciones corporales y ponerles un nombre a sus emociones, sino también darse el espacio para sentirlas, compartirlas con otras personas, profundizar para saber qué necesita en realidad y, en caso de que sea posible, hacer lo que esté en su mano para llenar esa necesidad. Por ejemplo, sería muy lógico que en su situación sintiera enfado porque ella siente que le explotan en el trabajo. Podríamos enseñarle a detectar ese calor y esas ganas de estallar que siente en su cuerpo, validar esas sensaciones, permitirse sentir el enfado sin dejarse llevar por él y enseñarle a poner límites asertivos para que su enfado cumpla su función y se pueda ir.

Uso de la comida como evasión

> La respuesta a todos tus problemas siempre va a ser croquetas.

Si no nos han enseñado a escuchar ni a gestionar sanamente nuestras emociones, es normal que nuestro mecanismo de defensa sea hacer lo que sea para que se callen. Para eso podemos usar «parches emocionales», llamados así porque maquillan o calman momentáneamente nuestra emoción, pero no la resuelven. Algunos «parches emocionales» son tomar drogas, hacer ejercicio de manera compulsiva, ver continuamente redes sociales o darse atracones —como le pasa a Ruth—.

Un atracón de comida es una ingesta en la que la persona siente pérdida de control o come más de lo que le gustaría. Los atracones producen en el cerebro un subidón de una hormona que produce placer, por lo que de alguna manera hace sentir bien y calma la tensión mediante la comida —aunque después haga sentir mal—.

El problema de hacer esto es que parcheando el malestar no lo resolvemos, y si la situación que produce malestar no se soluciona, volverá a activarse en el futuro. Además, recurrir a los atracones para disminuir el malestar puede acabar convirtiéndose en una especie de adicción, porque hace que el cerebro fusione malestar —problema— con atracón —subidón—. Esto hace que después el cerebro pida los atracones cada vez que experimente malestar y que la persona sienta que no puede parar, aunque quiera.

En este punto le haríamos ver a Ruth que esos atracones, aunque momentáneamente le hagan sentir mejor, son solo maquillaje y contribuyen a que su malestar se mantenga porque no le dejan que enfrente su situación para solucionarla. Le explicaríamos que lo que realmente necesita hacer es dejarse sentir sus emociones, aunque sean difíciles, aceptarlas y tomar una decisión según sea mejor para ella —por ejemplo, poniendo límites en el trabajo o dejándolo—.

En este punto le enseñaríamos a Ruth a darse cuenta de las ganas de comer compulsivamente y en qué momentos y situaciones lo siente para poder gestionarlo mejor. Le enseñaríamos herramientas para sostener y aceptar ese malestar sin tener que huir de él y, por último, le recomendaríamos otras formas más sanas de calmarse como, por ejemplo, hacer alguna técnica de relajación, salir a dar un paseo, hacer deporte o llamar a una amiga.

Otra cosa que tal vez podría ayudarle a romper con esa necesidad de inmediatez que le pide su atracón es tratar de comer despacio, saboreando la comida y concentrándose en todas las texturas, sabores y sensaciones en la boca. Puede haber momentos en los que sea complicado de conseguir, pero si lo entrenamos, podemos hacer que la mente se centre en eso y se olvide de la urgencia del atracón.

Aquí te dejo unas ideas para atender mejor tus necesidades:

- Trata de ser consciente de tus sensaciones corporales y permítete sentirlas, tanto si son agradables como desagradables. Te puede ayudar practicar la técnica de relajación de Jacobson. (Este punto está más desarrollado en el epígrafe «Ejercicio 5. De Saiyan a Shakira»).
- Reflexiona sobre lo que te gustaba hacer de pequeño e intenta ver si puedes realizar alguna actividad hoy por hoy que esté relacionada con eso.
- Escribe un diario emocional sobre cómo te sientes en las diferentes situaciones de tu día a día. (Este punto está más desarrollado en el epígrafe «Ejercicio 6. Diario emocional»).
- Permítete espacios de autocuidado en soledad en los que puedas hacer actividades que te hagan sentir bien y te ayuden a conectar contigo mismo: pintura, dibujo, música, deporte, etc.
- Si sientes una emoción desagradable, trata de gestionarla de forma amable y mira si puedes cubrir la necesidad que la ha activado.
- Si sientes ganas de usar algún «parche emocional», intenta dejarte sentir ese impulso de manera amable sin caer en lo que el cerebro te pide y hacer algo que te calme en ese momento y sea sano para ti.

- Si te das atracones, trata de cambiar tu relación con la comida, no te prohíbas ningún alimento (prohibir aumenta el deseo y el descontrol al comer) e intenta comer de modo más consciente, notando las sensaciones en tu boca, garganta y estómago.

Test para saber cómo atiendes tus necesidades

1. **Desde pequeño aprendí a priorizar las necesidades de los demás:**

   Sí ☐ **No** ☐

2. **Me cuesta escucharme a mí mismo y saber lo que quiero:**

   Sí ☐ **No** ☐

3. **Me da mucho miedo sentir cosas desagradables porque no sé cómo gestionarlas:**

   Sí ☐ **No** ☐

4. **Cuando me siento mal, bebo, fumo, me doy atracones o hago otras cosas que evitan que me enfrente a lo que siento:**

   Sí ☐ **No** ☐

5. **Me cuesta tomar decisiones:**

   Sí ☐ **No** ☐

Autocorrección

1. **Si has respondido a todas que no, atiendes bien tus necesidades.**
2. **Si has respondido sí a dos o menos, atiendes medio bien tus necesidades.**
3. **Si has respondido a tres que sí, atiendes regulinchi tus necesidades.**
4. **Si has respondido a cuatro o más que sí, atiendes de pena tus necesidades.**

Ejercicio 5.

De Saiyan a Shakira

Hay varias versiones de la técnica de relajación de Jacobson, más largas y más cortas. Te voy a explicar una corta. El ejercicio consiste en atender al contraste entre las sensaciones corporales cuando tensamos voluntariamente ciertos músculos y cuando los relajamos.

Igual estás pensando que la relajación no es para ti y que ya lo has intentado otras veces. Vale, déjame decirte que si lo haces como lo describo es IMPOSIBLE que no te relajes, porque cuando tensamos algún músculo y después dejamos de tensarlo por narices se relaja. Eso sí, necesitas paciencia y confiar en mí. Si has llegado hasta aquí, me demuestras ambas, así que vamos allá:

- Ponte en algún lugar en el que puedas sentarte o tumbarte sin distracciones (puedes ponerte música relajante si quieres), con los dos pies apoyados en el suelo y las manos en postura relajada.
- Inhala llevando el aire a tu abdomen y al exhalar nota las sensaciones de tu cuerpo dos o tres veces. Ahora empieza a tensar y relajar, y repite cada ciclo al menos dos veces:

1. Cierra los puños, tensa los antebrazos, los bíceps y pectorales como si te fueras a transformar en Super Saiyan. Mantén la tensión unos siete segundos y luego suelta la tensión. Nota las sensaciones en tus brazos y en tu pecho ahora que están relajados.
2. Frunce el entrecejo, cierra los ojos, abre la mandíbula y encorva los hombros como si te dieras un abrazo a ti mismo. Mantén la posición siete segundos y suelta la tensión. Nota las sensaciones corporales en la zona que antes había tensión.
3. Inhala profundamente y saca tripa como Shakira, dejando que se hinche todo lo posible, mantén la posición siete segundos y suelta la tensión. Nota las sensaciones en tu abdomen.
4. Estira los pies como si alguien tirara de ellos a la vez que tensas los gemelos, los muslos y el culo. Después de siete segundos suelta la tensión y nota las sensaciones corporales.
5. Ahora quédate notando o percibiendo todas las posibles sensaciones corporales que puedas sentir en este momento durante unos minutos.

Ejercicio 6.

Diario emocional

En la siguiente tabla te invito a que describas una serie de puntos para que te resulte más fácil identificar tus emociones. Como puedes ver en el ejemplo, usaremos una fila para poner hora y fecha; otra para describir el lugar y otra para describir lo que ocurre de la forma más objetiva posible. Después puedes expresar lo que sientes en tu cuerpo, qué te pide hacer eso que sientes y qué emoción crees que podría ser —puedes revisar las emociones básicas que explico en el primer capítulo—. En la última fila describe cómo lo has gestionado. Intenta no ser duro contigo en esta fila porque eso no ayuda. Solo escribe lo que te sea útil para tomar conciencia de cómo reaccionaste y de cómo te gustaría reaccionar en el futuro.

Hora/ Fecha	9-8-2022, a las 4:00.	3-9-2022, a las 22:00.	25-9-2022, a las 17:00.
Lugar	Durmiendo en mi cama.	En un avión a punto de despegar.	En la casa de mis amigos.
Lo que ha pasado	Mi gato decide morderme porque quiere jugar.	Me voy de vacaciones y tengo fobia a volar.	Estamos jugando a juegos de mesa, celebrando mi cumpleaños.

¿Qué siento en mi cuerpo?	Calor, tensión corporal.	Nervios, dolor de tripa, taquicardia.	Calma, alegría.
¿Qué me pide hacer?	Lanzar al gato muy lejos.	Bajarme del avión.	Compartir, reír.
¿Qué emoción podría ser?	Enfado.	Miedo.	Alegría.
¿Cómo lo he gestionado?	He respirado, he sacado al gato del cuarto con amor y se me ha pasado enseguida.	Me he centrado en un juego de móvil de colorear y después del despegue se me ha pasado.	He expresado lo afortunado que me siento de poder compartir tiempo con ellos.

Ahora escribe tu propio diario basándote en el anterior. Empieza hoy, que luego sabes que te da pereza.

Hora/ Fecha			
Lugar			
Lo que ha pasado			
¿Qué siento en mi cuerpo?			
¿Qué me pide hacer?			
¿Qué emoción podría ser?			
¿Cómo lo he gestionado?			

PRISIONERO DEL PASADO

No perdonarte a ti mismo es como caminar con una mochila de 30 kilos en la espalda porque sí.

César lleva cinco años casado con su mujer Neus. Ambos tienen treinta y siete y viven solos en un piso. César quiere mucho a su mujer, pero estuvo unas semanas hablando más con una chica del trabajo y empezó a tener sentimientos hacia ella. En cuanto se dio cuenta de que sentía eso, le confesó a esa chica que tenía pareja y dejó de hablar con ella, pero él siempre ha sido una persona superfiel y siente culpa porque cree haber traicionado sentimentalmente a Neus.

Al día siguiente se lo contó a Neus, la cual al principio sintió algo de celos e inseguridad, pero a los días lo comprendió y le agradeció que pusiera límites y que fuera sincero.

Han pasado tres meses desde que ocurrió y aunque Neus ya ni se acuerda ni le da importancia, César no deja de darle vueltas al pasado, de culparse por lo que pasó y de autocriticarse duramente. Le gustaría soltar la losa de la culpa para seguir siendo feliz con Neus, pero no sabe cómo.

Vivir enfadados con nosotros mismos por algo que hicimos en el pasado puede llegar a hacernos la vida imposible. ¿Tú has sido alguna vez tu peor enemigo? La idea de que hay que castigar a quien se «porta mal» está muy arraigada en nuestras cabecitas, a pesar de que el castigo no es una de las mejores formas de cambiar comportamientos.

Cuando pensamos que nos hemos «portado mal», es común que nos castiguemos criticándonos y no permitiéndonos ser felices.

Hay una parte de nosotros que piensa que nos merecemos ese dolor y que, si escarmentamos con este maltrato, no volveremos a fallar así en el futuro, pero una cosa es ser consciente del daño causado y tratar de repararlo y otra muy distinta es causarnos más daño innecesario.

Por desgracia, el automaltrato no solo no repara el daño que hicimos, sino que nos mantiene esclavizados al pasado y hace más probable que volvamos a hacer daño a otras personas —no estar en paz con nosotros mismos es lo que tiene—.

Si ya sabes que lo que has hecho ha estado mal, no necesitas causarte más dolor para no repetirlo.

¿Qué necesitas para darte cuenta de que si no estás bien contigo mismo no lo vas a estar con nadie?

¿Y por qué nos hacemos esto?, ¿somos masocas? No, nadie elige de manera voluntaria castigarse y machacarse porque sí, nadie piensa: «Oh vaya, una pared, voy a pegarme cabezazos contra ella un rato...». Pero cuando estamos atrapados en esta forma de ver las cosas, simplemente no podemos hacerlo de otro modo y sentimos que necesitamos castigarnos.

¿Qué suele haber detrás de no perdonarnos? En el caso de César hay:

- Autoexigencia excesiva.
- Mala relación con la culpa.
- Idea rígida de fidelidad.
- Autocrítica destructiva.

Naveguemos en la cabecita de César.

Autoexigencia excesiva

Maltratarme no me ha servido para equivocarme menos, pero he conseguido un odio hacia mí mismo precioso.

¿Recuerdas que aprendimos a bailar según cómo vimos que los demás bailaban con nosotros y con ellos mismos? Pues la forma de gestionar cómo nos tratamos después de haber cometido un error también la aprendemos de ellos:

- **Si cuando somos pequeños vemos que nuestras personas influyentes se tratan mal cuando cometen errores o nos tratan mal cuando cometemos errores, aprendemos que los errores merecen un castigo.**
- **Si cuando somos pequeños vemos que nuestras personas influyentes se tratan con cariño cuando cometen errores o nos tratan con cariño cuando cometemos errores, aprendemos que los errores son algo normal y que no merecen un castigo.**

A César sus padres no le castigaban cuando se equivocaba, pero su madre es muy exigente y siempre se ha castigado por pequeños fallos. Esto hizo que él aprendiera que está mal equivocarse y que los errores merecen castigo.

Obviamente cuando tenemos treinta y siete años ya no podemos culpar a nuestros padres de cómo somos, pero esas influencias están ahí y sin ser nosotros conscientes de ellas, no las podemos cambiar.

En este punto le haríamos ver a César que su gestión de errores tiene como origen la gestión de errores de su mamá, y le explicaríamos que fallar es lo que nos hace humanos y lo que permite que aprendamos en la vida. Las cosas no suelen salir bien a la primera, y para que nos salgan bien tenemos que equivocarnos mucho. Aprender a ver los errores como un trámite por el que hay que pasar en el camino, en lugar de como algo horrible que merece ser castigado, puede ayudar a César a dejar de machacarse cuando se equivoca. Además, le mostraríamos herramientas para ser amable consigo mismo cuando sienta que se ha equivocado.

Mala relación con la culpa

> La culpa no quiere que te machaques, quiere que repares un daño y sigas con tu vida.

La culpa es como una hostia en la cara que sentimos cuando creemos que la hemos cagado y nos motiva a reparar el daño que sentimos que hemos hecho.

La culpa es un sentimiento que nos ayuda a ser coherentes con nuestros valores y a relacionarnos con otras personas. El ser humano es un ser sociable y una de nuestras necesidades básicas es conectar con otros seres humanos, por lo que la culpa puede ser muy útil. Cuando esta funciona «bien» —es decir, cumple su cometido y se va— puede ayudarnos a que aprendamos de nuestros errores y a que nos demos cuenta de lo que realmente nos importa, pero cuando solo nos sirve para amargarnos la existencia y encima no nos suelta, tenemos que aprender a soltarla nosotros.

A mí me gusta diferenciar la culpa útil de la culpa inútil:

- **La culpa útil es la que se va una vez hemos hecho todo lo posible por reparar el daño que sentimos que hicimos (tanto si nos perdonan como si no).**

- La culpa inútil es la que no se va a pesar de haber hecho todo lo posible por reparar el daño que sentimos que hicimos (aun cuando los demás nos perdonan). Esta culpa nos hunde en la miseria y no nos aporta nada positivo.

Adivina de qué tipo es la que siente César. Inútil, sí. La culpa, como hemos explicado antes, ha venido a decirle a César que ha actuado de forma contraria a sus valores y que necesita reparar el daño que siente que ha hecho. Ante esto, lo que hace es contárselo a Neus y comprometerse a no traicionarla de nuevo, pero la culpa no se va. En su caso la culpa no se va porque sigue enfadado consigo mismo por haber hecho algo para él imperdonable.

Aquí trabajaríamos con César la gestión de la culpa de la manera más sana posible. Le explicaríamos por qué siente culpa y le enseñaríamos a aceptar, validar y expresar sus emociones sobre lo ocurrido para llegar con el tiempo a su «yo herido» y ver qué necesita ahora para poder perdonarse y reparar el vínculo consigo mismo.

Idea rígida de fidelidad

> Las ideas sirven para entender el mundo. Si una idea duele y no se puede cambiar el mundo, hay que cambiar la idea.

Todos entendemos el mundo a través de nuestras creencias, formando conceptos mentales según su significado como vimos en el primer capítulo.

Antes de que pasara lo que pasó, a César su cerebro le contaba la película de que era una persona absolutamente fiel. Es decir, para César la fidelidad es un valor muy importante y él se consideraba una persona fiel hasta que intimó con la chica del trabajo.

Para César ser fiel a una persona consiste en tener sentimientos únicamente por esa persona. ¿Qué ocurre cuando se da cuenta de que tiene sentimientos hacia la chica del trabajo? Que su cerebro le envía información contradictoria:

- **Idea 1. Es una persona absolutamente fiel.**
- **Idea 2. Tiene sentimientos por dos personas a la vez.**

Esto hace que César sufra, ya que tener sentimientos por otra persona que no es su pareja para él es ser infiel, aunque haya puesto límites en esa relación y ya no continúe.

Toda idea que tenemos es útil en la medida en que representa nuestro mundo o a nosotros de la forma más ajustada posible y nos permite aprender, crecer y evolucionar como individuos, cosa que la idea de fidelidad de César no está cumpliendo ahora mismo.

Lo que le ha pasado —tener sentimientos por dos personas a la vez— es algo humano y que no se puede evitar. Se puede evitar engañar a tu pareja, pero tener sentimientos por otra persona no. Es decir, si él le hubiera mandado *nudes* a la chica o se hubiera acostado con ella podría considerarse infiel; pero simplemente por sentir algo por otra persona no debería sentirse culpable, ya que eso no lo puede controlar ni él ni nadie y, además, actuó de la mejor manera posible.

En este punto podríamos trabajar para flexibilizar la idea de fidelidad de César introduciendo la idea de que una persona puede ser fiel y sentirse atraída o tener sentimientos por otras, siempre que ponga los límites necesarios y no haga nada que viole los acuerdos de pareja.

Con esta nueva idea de fidelidad quedaría claro que César no ha cometido ninguna infidelidad y que lo único de lo que es culpable es de ser un ser humano que siente.

Autocrítica destructiva

> El 90% de mi trabajo se resume en que os puto aceptéis de una vez.

La culpa de César le lleva a maltratarse por lo que hemos explicado antes y él no se da cuenta de que está tirando más leña a un fuego que necesita apagar. Hemos de hacerle ver que para ser de nuevo un ser humano funcional tiene que dejar de tratarse como una mierda. Aquí es importante que comprenda que es un ser humano y que a los seres humanos les pasan cosas y reaccionan a ellas lo mejor que pueden con las herramientas que tienen en ese momento.

Llegados a este punto le quedan dos caminos: soltar el pasado o seguir amargándose la vida.

César debe comprender que tiene treinta y siete años y que le quedan unos cuarenta y cinco por delante en los cuales probablemente la siga cagando monumentalmente —tiempo al tiempo—. No tiene sentido darle tanto poder a algo que ya no puede cambiar; la vida sigue y se vive mejor cuando estamos en paz con nosotros mismos y nuestro pasado.

En este punto reforzaríamos la autoestima de César enseñándole a hablarse como le hablaría a un buen amigo, a corregirse si se autocritica y a realizar acciones de autocuidado.

Aquí van algunas ideas para gestionar mejor la culpa:

- Si sientes que cometes algún error, date cuenta de que equivocarse es humano y trátate bien.
- Intenta (en las cosas triviales) no hacer todo tan perfecto, incluso puedes hacer algo medio bien o tirando a mal para que comprendas que no necesitas hacerlo todo perfectamente y puedas bajar la autoexigencia.
- Expresa tus emociones sobre lo que pasó: habla sobre ello, dibuja, pinta, haz música, etc., y déjate sentir lo que sientes.
- Trata de perdonarte por lo que pasó, mira a ver si puedes hacer algo para reparar el daño: escribirte una carta, comprometerte a algún cambio contigo, etc.
- Deja de machacarte por lo que hiciste. Lo hiciste lo mejor que pudiste, no ganas nada martirizándote. (Este punto está más desarrollado en el epígrafe «Ejercicio 7. Culpa útil»).
- Trata de ser coherente con tus valores y no te traiciones a ti mismo a partir de ahora.
- Revisa tus creencias y cuestiónalas según su realidad, bondad y utilidad. (Este punto está más desarrollado en el epígrafe «Ejercicio 8. Cuestiónate»).

Test para saber cómo gestionas la culpa

1. **Siento que no me puedo perdonar a mí mismo:**
   Sí ☐ **No** ☐

2. **Me critico por cada error que cometo, por pequeño que sea:**
   Sí ☐ **No** ☐

3. **Es absolutamente terrible hacer algo en contra de mis valores:**
   Sí ☐ **No** ☐

4. **Estoy estancado; desde que la cagué siento que no puedo avanzar en mi vida:**
   Sí ☐ **No** ☐

5. **Creo que no me merezco ser feliz ni que me pasen cosas buenas:**
   Sí ☐ **No** ☐

Autocorrección

1. Si has respondido a todas que no, gestionas bien la culpa.
2. Si has respondido sí a dos o menos, te llevas medio bien con la culpa.
3. Si has respondido a tres que sí, te llevas regulinchi con la culpa.
4. Si has respondido a cuatro o más que sí, te llevas de pena con la culpa.

Ejercicio 7.

Culpa útil

Lee este pequeño texto y contesta las preguntas para llevarte mejor con tu culpa.

> Hola, soy tu culpa, y he venido a hacerte sentir lo suficientemente mal como para que no vuelvas a cagarla en el futuro. Mi objetivo es que aprendas que lo que hiciste va en contra de tus valores y motivarte a que seas coherente contigo a partir de ahora. Pero si ya has aprendido la lección, a mí no me sirve de nada que me tengas en la cabeza todo el día y que te fustigues y te machaques por algo que ya no puedes cambiar. Sé que no es fácil, pero si quieres seguir adelante, el

único camino posible es aceptar lo que hiciste, entenderte y comprometerte a ser coherente a partir de ahora.

Así que sigue tu camino y ¡suéltame de una vez!

Ahora reflexiona:

1. ¿Lo que hiciste fue con intención de hacer daño?

2. ¿Le podría haber pasado a otra persona?

3. ¿Sabías que iba a tener las consecuencias que tuvo?

4. ¿Se puede cambiar lo que pasó?

5. ¿Te sirve de algo machacarte por lo que pasó?

6. ¿Qué conclusión sacas?

Ejercicio 8.

Cuestiónate

Cuando tienes dudas sobre si una creencia es útil, puedes cuestionarla según los tres filtros de Sócrates. Observa cómo cuestionar una creencia con estas preguntas y después hazlo tú.

Tu creencia: «Si tengo sentimientos por dos personas, soy infiel».

1. ¿Lo que piensas es verdad? ¿Qué pruebas tienes? ¿Hay más gente que cree lo mismo?

No es verdad, en ningún tribunal me juzgarían como infiel por tener sentimientos hacia dos personas sin haber cometido actos infieles.

2. ¿Es bueno para ti creer eso?, ¿te hace sentir bien?

No es bueno para mí porque me hace reprimir mis sentimientos y me siento mal y culpable por sentir algo que es humano y normal.

3. ¿Es útil?, ¿te sirve para algo pensarlo?

No es útil porque me limita en mi vida y solo me sirve para sentirme mal conmigo mismo.

4. Conclusión.

Como la creencia no es verdad, ni es buena ni es útil podríamos plantearnos cambiarla por otra más realista como «Si tengo sentimientos por dos personas, soy humano. Si cometo algún acto infiel, soy infiel».

Ahora cuestiona una creencia tuya.

Tu creencia:

1. ¿Lo que piensas es verdad? ¿Qué pruebas tienes? ¿Hay más gente que cree lo mismo?

2. ¿Es bueno para ti creer eso?, ¿te hace sentir bien?

3. ¿Es útil?, ¿te sirve para algo pensarlo?

4. Conclusión.

VIAJE AL CENTRO DE TI MISMO

Que una persona haya recibido odio y maltrato por parte de los demás explica que sienta odio hacia sí misma.

Jorge es profesor de universidad. Vive con su pareja, Juan, y el hijo de este. Ha estudiado una carrera, un máster y un doctorado, pero hoy cree que nada de lo que hace es suficiente.

Tuvo una infancia difícil porque su padre era muy crítico y exigente con él y sus iguales le rechazaron en el colegio. Todo esto ha hecho que crea que no hace nada bien y por culpa de esta idea de sí, cuando tiene que dar clases se pone muy nervioso porque tiene miedo de que le juzguen y descubran que es un fraude —que es como se ve—.

En su entorno su familia le adora, sus alumnos le admiran y el resto de la gente del trabajo le ayuda en lo que puede, pero no sabe cómo dejar de verse a sí mismo con esta idea de mierda.

¿Qué es quererse a uno mismo? Una autoestima sana es tener un sentimiento favorable hacia lo que pensamos que somos. ¿Y de dónde sacamos lo que pensamos que somos? Pues de lo que los demás nos han dicho que somos y de cómo nos han tratado a lo largo de nuestra vida —aunque quien más nos ha influido han sido nuestros cuidadores primarios cuando éramos pequeños—. ¿Te acuerdas de lo que dije al inicio del capítulo de que bailamos con nosotros mismos según cómo los demás bailaron con nosotros? Pues aquí me refiero justo a eso.

¿Y cómo nos influye lo que nos dijeron y cómo nos trataron en nuestra idea de nosotros?

- **Si cuando éramos pequeños nuestros cuidadores/iguales nos trataron bien, pensaremos que somos seres humanos que merecen respeto, atención y amor.**
- **Si cuando éramos pequeños nuestros cuidadores/iguales nos maltrataron, pensaremos que somos personas que no se merecen respeto, atención y amor.**

Esta idea de nosotros se puede cambiar —como todas las ideas—. Muchas personas no son conscientes de esto y se sienten totalmente atrapadas en esta forma de verse, pero que nos hayan maltratado en nuestra vida no tiene por qué determinar que nos sigamos viendo mal para siempre. Todos merecemos vernos como seres humanos que merecen respeto, atención y amor.

> Todos podemos cambiar, pero es más fácil si no nos tratamos como si fuéramos mierda.

Normalmente suele ocurrir que cuando hemos aprendido a vernos como indignos de amor desde pequeños, nos maltratemos de adultos sin ni siquiera ser conscientes de ello. Podemos maltratarnos de muchas maneras: ignorando nuestras necesidades, tomando drogas, haciendo ejercicio excesivo, autolesionándonos —cortándonos, haciéndonos heridas, etc.—, manteniendo relaciones abusivas, hablándonos mal, etc. El problema de este automaltrato es que todavía hace más fuerte la idea negativa que tenemos de nosotros mismos y si nadie nos hace ver lo contrario, pensaremos que esa idea de nosotros es la realidad.

¿Qué suele haber detrás de no quererse? En el caso de Jorge hay:

- Herida por padre invalidador.
- Herida por rechazo de iguales a temprana edad.
- Miedo a que le juzguen.
- Autocrítica destructiva.

Vamos a explicar la influencia de cada uno de ellos.

Herida por padre invalidador

> Molaría que todos evolucionáramos para que las personas que crecen con nosotros no desarrollaran nuestras heridas.

Muchos hemos tenido padres que han recibido maltrato psicológico por parte de sus propios padres y han desarrollado una forma de educar un poco regulinchi. Estos padres, como el de Jorge, utilizan la comparación, el juicio, la crítica y en algunos casos también el maltrato físico hacia sus hijos. Las personas que actúan así, en la mayoría de los casos, no son conscientes de que están haciendo daño a sus hijos y no han tenido más herramientas que esas para educarles, por lo que se les puede entender, pero nunca justificar. Nada justifica un maltrato.

¿Y cómo le afecta a un niño recibir estos mensajes desde pequeño? Para un niño que aprende cómo funciona el mundo y desarrolla su idea de sí gracias a sus cuidadores primarios, recibir maltrato por parte de ellos le hace sentir que nada que haga es suficiente, que la vida es una competición constante y que él no es válido ni tiene nada de bueno.

A veces, los niños maltratados evolucionan a adultos exigentes y críticos consigo mismos, que es justo lo que le ocurrió a Jorge. Otras veces evolucionan a padres maltratadores, cosa que por suerte él no hace.

En este punto le explicaríamos de dónde viene su idea negativa de sí. Plantearíamos el tema de su padre y le haríamos ver lo equivocado que estaba tratándole así, que no fue su culpa y que no se lo merecía. Podríamos enseñarle a detectar cuando aparecen esas ideas de no valor o no ser suficiente y enseñarle a cuestionarlas para no creerlas. Por último, le propondríamos algún ejercicio para reconciliarse con el pasado y con su «yo niño» invalidado.

Herida por rechazo de iguales a temprana edad

No eres lo que te dijeron que eras.

Con un padre invalidador ya suele ser suficiente para vernos mal a nosotros mismos, pero si además tenemos la suerte de que nos rechacen nuestros iguales, conseguimos la mejor idea de mierda posible.

Los niños a veces se juntan con otros por semejanzas de carácter, parecido físico, gustos parecidos, etc., y critican a otros porque simplemente son diferentes a ellos o tienen rasgos distintivos. A veces también puede ocurrir un juego de estatus y que algunos jueguen a someter a otros que perciban más vulnerables.

Tal vez los iguales de Jorge le rechazaron porque tenía algún rasgo distinto del resto, porque estudiaba más que nadie o porque ya de por sí él se comportaba de forma sumisa igual que lo hacía con su padre y eso atrajo a los *bullies;* pero lo que está claro es que Jorge no tuvo ninguna culpa en lo que le pasó.

Para un niño ser rechazado por sus iguales es de las peores cosas que le puede pasar porque le hace creer que hay algo de malo en él y que los demás no son de fiar; y un adulto que ha sido rechazado de niño y no ha gestionado su herida es muy probable que siga pensando que hay algo de malo en él y que el resto no son de fiar.

Las personas que tienen una herida de rechazo suelen sentirse apartadas en situaciones en que otras no lo sentirían. Por ejemplo: es posible que alguien no le conteste al wasap a Jorge durante un día y que él se sienta rechazado, cuando la otra persona simplemente no pudo responder.

En este punto con Jorge le enseñaríamos a reconocer su herida de rechazo, a expresar sus emociones sobre el tema mientras las permite y acepta y después a buscar otras alternativas a sus pensamientos cuando se sienta rechazado por otros.

Por último, le haríamos ver que el rechazo que sufrió por parte de sus iguales no tiene nada que ver con su persona y que, objetivamente, no existe ninguna razón por la que pensar que es rechazable. Podría ser útil trabajar la comprensión del suceso desde la perspectiva de que lo que ocurrió fue un juego de poder entre niños y que no tiene ningún significado más allá ni le define como persona.

Miedo a que le juzguen

> Que tu mente te diga que eres un mierda no hace que los demás te vean así.

¿Te acuerdas de que en el apartado LA MOSCA EN LA TELARAÑA hablábamos del miedo al rechazo? Pues el miedo a ser juzgado es parecido, aunque en este caso el tema no va de poner límites.

Jorge tiene tan metida en la cabeza la idea de que no hace nada bien y que no es suficiente que, aunque tenga varios títulos y cuente con el amor y el apoyo de muchas personas, no consigue verse de otra forma. Esta manera de verse ha hecho que ir a trabajar para él sea como ir a la guerra. Se pone muy nervioso, siente taquicardia y le cuesta noches sin dormir porque se siente totalmente vulnerable delante de sus alumnos. Piensa que ellos le ven como él se ve, pero ¿recuerdas el dibujo que los demás se hacen de nosotros? Según eso, los alumnos de Jorge le ven según sus creencias, que no tienen nada que ver con él y, por tanto, no tienen ninguna razón para criticarle.

Aquí le haríamos entender a Jorge que la idea que los demás tienen de él solo es un dibujo que hacen de él que no le representa y del cual no necesita protegerse. También podríamos enseñarle a exponerse poco a poco a la situación del trabajo en imaginación, manejando las sensaciones de miedo que tiene, permitiéndoselas sentir y calmándose a sí mismo hasta que poco a poco pueda sentirse más capaz de enfrentarlo. Por último, trabajaríamos para reforzar su autoestima y asertividad para que pudiera sentirse seguro en su propia piel haciendo su trabajo.

Autocrítica destructiva

> Me sorprende que no te quieras con la de cosas bonitas que te dices en tu día a día.

Los dos factores que hemos descrito al principio serían el origen de la autoimagen de Jorge, y no poder afrontar su trabajo y su autocrítica destructiva serían los que la mantienen hoy. Actualmente se siente totalmente atrapado y no sabe cómo escapar. Jorge está dentro de este bucle:

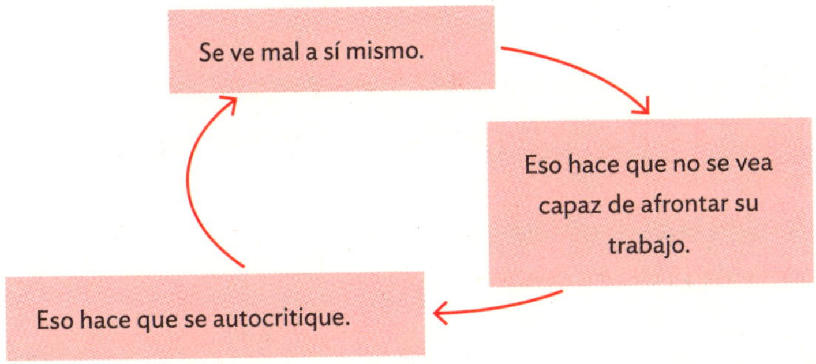

Si queremos salir de ahí, vamos a tener que hacer algo distinto. De esos tres pasos el más sencillo de cambiar es la autocrítica. Para dejar de autocriticarnos podemos hacer dos cosas:

- Percatarnos de que nos hemos criticado y corregirnos cada vez que nos demos cuenta. Por ejemplo: cambiar «soy idiota» por «soy humano y me puedo equivocar».
- Hacer acciones que promuevan nuestro autocuidado. Por ejemplo: defender nuestros derechos, poner límites cuando nos hacen daño, enfrentarnos a algún reto realizable, dar nuestra opinión, etc.

Hacer esto refuerza las conexiones mentales que están a favor de verte como a un ser humano. La autocrítica destructiva, aunque pensemos que nos ayuda a ser mejores, lo único que hace es hundirnos en la miseria y darnos taquicardia inútilmente. Si nos vemos de una manera mucho más amable, eso se traduce en que nos veamos también más capaces de enfrentarnos a las cosas.

En este punto le enseñaríamos a Jorge a cambiar la relación consigo mismo, a hablarse bien y a cuidarse física y mentalmente. También le podría ayudar llevar un registro de sus logros diarios, porque ver sus progresos puede motivarle y hacerle entender que poco a poco puede llegar a conseguir ir a trabajar en calma.

Aquí te dejo algunas ideas para gestionar mejor la relación contigo mismo:

- Escribe una carta dirigida a ti para cambiar la forma de relacionarte contigo. (Este punto está más desarrollado en el epígrafe «Ejercicio 9. Vuelta a casa»).
- Si te sientes rechazado en situaciones en las que otras personas no tienen la intención de rechazarte, intenta cuestionar tus pensamientos y ver otras posibilidades (a veces ayuda leer a diario un mensaje que diga «no hay nada de malo en ti»).
- Haz un listado de las razones por las cuales no eres una mierda y léelo a diario. (Este punto está más desarrollado en el epígrafe «Ejercicio 10. Conmigo sí, bicho»).
- Intenta pensar que lo que los demás ven en ti es su dibujo basado en sus creencias y no te define.
- Háblate bien. Si te hablas mal, trata de corregirlo cuando seas consciente (nada nos hunde más la autoestima que tratarnos mal a nosotros mismos).
- Realiza acciones de autocuidado: cocinar, descansar lo suficiente, comer bien, hacer deporte, salir con personas que quieres, etc.
- Lleva un registro de logros diarios en el móvil y léelo cada noche para darte cuenta de que consigues muchas más cosas de las que piensas.

Test para saber cómo te llevas contigo mismo

1. **Me hablo fatal y no me cuido:**

   Sí ☐ **No** ☐

2. **Siento que no soy suficiente y que no hago nada bien:**

   Sí ☐ **No** ☐

3. **Suelo sentirme rechazado en situaciones en las que no me están rechazando:**

   Sí ☐ **No** ☐

4. **Tengo miedo a que los demás me critiquen:**

   Sí ☐ **No** ☐

5. **Me exijo ser distinto de como soy:**

   Sí ☐ **No** ☐

Autocorrección

1. **Si has respondido a todas que no, te llevas bien contigo mismo.**
2. **Si has respondido sí a dos o menos, te llevas medio bien contigo mismo.**
3. **Si has respondido a tres que sí, te llevas regulinchi contigo mismo.**
4. **Si has respondido a cuatro o más que sí, te llevas de pena contigo mismo.**

Ejercicio 9.
Vuelta a casa

Lee este ejemplo de carta a tu yo para cambiar la relación contigo.

Querido yo:

Eres el grano en el culo más grande de los que me he tenido que enfrentar en mi vida. No recuerdo desde cuándo somos enemigos.

Creo que nuestra historia de odio comenzó cuando éramos preadolescentes y comenzamos a absorber todos esos mensajes que nos decían que no somos suficientes, que nadie nos iba a querer y que había algo malo en nosotros. Esos mensajes junto con las burlas en el colegio, el rechazo y la marginación nos hicieron creer que en efecto había algo malo en nosotros.

Te odié porque pensé que era culpa tuya que no me quisieran. Pensé que si te odiaba lo suficiente y te maltrataba nos convertiríamos en alguien que los demás podrían querer. Pero la realidad ha sido que este odio hacia ti me ha hecho perder la alegría, oportunidades de trabajo, amistades, relaciones íntimas y hasta la salud.

Ya me he cansado de odiarte, me he cansado de evitar mirarte en el espejo y me he cansado de pensar que somos peores que cualquier otro ser humano viviente. ¿Sabes qué? No tuvimos la culpa de todas las mierdas que nos tragamos de niños. La gente que nos trató mal seguramente no estaba muy sana y tuvimos la mala suerte de ser su diana.

Me he dado cuenta de que solo somos un trozo de carne y huesos con una forma única que no tiene nada de malo porque nunca hemos hecho daño a nadie.

Somos vida y la estamos desperdiciando odiándonos por culpa de unos mamarrachos de nuestro pasado. A partir de ahora te voy a tratar como te mereces, voy a hablarte con cariño, voy a cuidarte física y mentalmente y voy a creer y a confiar en ti. Siento mucho todo el daño que te he podido causar hasta hoy y me comprometo a ser merecedor de ti.

Ahora escríbete tú una carta basándote en la anterior. Requisitos:

- Dile a tu yo cómo te sientes con él y desde hace cuánto.
- Explícale a tu yo por qué crees que no te llevas bien con él.
- Date cuenta de las consecuencias que ha tenido odiarte e intenta disculparte por ello.

- Comprométete con tratarte lo mejor posible a partir de ahora.
- No te dejes para después y comienza a escribirla ya, tal vez te ayude.

Querido yo:

Me haces sentir...

____

____

____

____

____

Creo que nuestra relación se torció cuando...

____

____

____

____

____

Quiero disculparme por...

____

____

____

____

____

Si no fuera por ti...

____

____

____

____

____

A partir de ahora voy a intentar...

Ejercicio 10.

Conmigo sí, bicho

Lee este ejemplo de lista de razones por las cuales no eres una mierda:

- Nunca he dañado a nadie a propósito.
- Intento hacer lo que esté en mi mano para que todas las personas a mi alrededor se sientan bien.
- Hay cosas que se me dan bien, aunque me cueste reconocerlo.
- Me ducho más o menos a diario, por lo que mi compañía es olfativamente agradable.
- Tengo amigos: hay personas que me eligen para pasar tiempo conmigo.
- He superado retos que pensaba que no conseguiría.
- He ayudado a personas en malos momentos.
- He enseñado cosas útiles a otros.
- Reciclo.
- Sé hacer croquetas.

Ahora crea tu propia lista de razones por las cuales no eres una mierda basándote en la anterior. Es importante que pongas cosas que tú mismo te puedas creer y que sean buenas de ti.

1.

2.

3.

4.

5.

6. ____
____
____
____
____

7. ____
____
____
____
____

8. ____
____
____
____
____

9. ____
____
____
____
____

10. ____
____
____
____
____

Cuando las hayas terminado, léelas a diario hasta que saques la cabeza de tu culo.

RESUMEN DEL CAPÍTULO

- **Si quieres dejar de pensar, deja de querer dejar de pensar y acepta que lo que piensas, por muy mal que te haga sentir, no es real y solo es un pensamiento.**

- **Tienes derecho a estar triste y a expresar tu tristeza, estés donde estés y con quien estés. Necesitas dejarte sentir esa emoción para poder darle un espacio y que se resuelva sanamente.**

- **Para saber lo que quieres observa lo que te «dicen» tus entrañas —tus sensaciones corporales— cuando dudes entre dos opciones. Tus entrañas nunca mienten.**

- **Si no hay nada más que puedas hacer para reparar un daño que sientes que has hecho, la única forma de prevenir otros daños en el futuro es tratarte bien y hacer las paces contigo.**

- **Para empezar a quererte tienes que dejar de destruirte.**

EPÍLOGO

Todos somos seres humanos que lo hacemos lo mejor que podemos con lo que tenemos. Desde la percepción más inconsciente hasta el movimiento más voluntario del cuerpo, nuestro cerebro está actuando de la mejor manera que sabe para que sobrevivamos y procreemos.

Llevamos media vida peleándonos con nosotros mismos, reprimiendo nuestras necesidades e incluso pensando que estamos locos, cuando lo que realmente nos pasa es que nadie nos ha enseñado a gestionar nuestras mierdas y a entender nuestro querido cerebro. Además, para que las cosas sean aún más difíciles, nuestro querido cerebro es el mejor contándonos historias, por lo que cuando él nos dice que las cosas son de una manera, lo normal es que nos lo creamos a pies juntillas. Por eso cuesta tanto cambiar la forma de ver las cosas.

Mi intención escribiendo este libro ha sido la de hacerte ver que no tienes la culpa de las mierdas que te han pasado, pero que eres el único que puede gestionarlas sanamente para que no te sigan amargando la existencia hoy por hoy. Si leer este libro ha motivado, por ejemplo, que veas alguna cosa de modo diferente, que te culpes menos por lo que sientes o que hayas tomado alguna decisión para cuidarte más, yo habré cumplido un sueño y tú me deberás unas croquetas.

Es posible que algunos apartados y ejercicios necesites leerlos más de una vez para conseguir un cambio real en tus creencias. Ten en cuenta que la cabra tira al monte y que tu cerebro lleva muchos años entendiendo las cosas de una manera concreta, no va a llegar este libro y en un pispás desmontarte todo lo que tiene él ahí montado. Para construir una nueva forma de ver las cosas necesitamos demostrarle al cerebro que es útil y ser constantes en su uso —por eso en muchos ejercicios insisto en que los leas a diario hasta que lo interiorices—.

Si algo de lo que has leído te ha molestado o enfadado y aun así no has dejado de leerlo, quiero que sepas que te admiro. A veces nuestra mente crea resistencias que no nos dejan ver las cosas de diferente modo a como las vemos, aunque esa otra forma sea más sana para nosotros. Ese enfado o rechazo cuando leemos algo que nos sacude, pero en el fondo sabemos que es cierto, es señal de que estamos rompiendo las viejas formas de entender las cosas; es decir, que estamos sacando la cabeza de nuestro culo.

Cuando mi editora me dijo que la editorial Planeta quería publicar un libro mío no me lo creí. Hoy lo tienes en tus manos y todavía no me lo creo. Ojalá leerlo te haya servido para darte cuenta de que no estás solo, de que hay muchas personas que sienten lo mismo que tú y de que no eres un bicho raro.

Querido lector, gracias una y mil veces por permitirme llegar a ti de esta manera, a mi manera, a lo japuta.

Nos vemos en redes sociales. ¡Quiérete, coño!

@lapsicologajaputa

BIBLIOGRAFÍA

Aguado, L. (2019). *Cuando la mente encontró a su cerebro. Escritos sobre neurociencia y psicología*. Alianza Editorial.

Castellanos, N. (2021). *El espejo del cerebro*. La Huerta Grande Editorial.

Chödrön, P. (2010). *Cuando todo se derrumba. Palabras sabias para momentos difíciles.* Alfa Omega Editorial.

Damasio, A. (2018). *El error de Descartes: La emoción, la razón y el cerebro humano*. Editorial Planeta.

Del Rosario, D. (2019). *El libro que tu cerebro no quiere leer.* Ediciones Urano.

Feldman Barret, L. (2021). *Siete lecciones y media sobre el cerebro.* Ediciones Paidós.

Gilbert, P. (2015). *Terapia centrada en la compasión. Características distintivas*. Editorial Desclée de Brouwer.

Labrador, F. J. y Crespo, M. (2012). *Psicología clínica basada en la evidencia.* Ediciones Pirámide.

Manes, F. y Niro, M. (2021). *Ser humanos*. Ediciones Paidós.

NEFF, K. (2016). *Sé amable contigo mismo.* Ediciones Paidós.
PIÑUEL, I. (2016). *Amor zero*. Ediciones La Esfera de los Libros.
SIMON, V. (2011). *Aprender a practicar Mindfulness.* Sello Editorial.
SMITH, M. J. (2010). *Cuando digo no, me siento culpable.* Ediciones DeBolsillo.

AGRADECIMIENTOS

Escribir este libro ha supuesto uno de los mayores retos de mi vida, y no habría sido posible sin la ayuda de mucha gente que ha estado a mi lado.

Quiero agradecérselo primero a mi pareja. Me ha ayudado tanto que este libro también es hijo suyo. Sin su apoyo y paciencia infinita no hubiera sido capaz.

A mi familia, por motivarme siempre y dejarme ser yo desde muy pequeña (ya entonces odiaba el rosa y decía tacos).

A mis suegros, por cuidarme. La calidad de este libro habría sido muy inferior sin las tartas de queso de mi suegra.

A mis mejores amigos, por no dejar que me creyera mi síndrome de la impostora y por ayudarme en todo momento de manera desinteresada, fuera cual fuera el propósito.

A mi amigo Diego Ortolá, por el dibujo del cerebrito de la portada, ¿a que es cuqui?

A mi editora Virginia y a Inés, de Martínez Roca, por su paciencia conmigo y entender mis chorradas.

Por último, gracias a ti lector y a todos mis seguidores de Instagram, porque sin vosotros no existiría @lapsicologajaputa ni este libro.

Gracias, ¡coño!